なぜ鏡は左右だけ反転させるのか

空間と時間から考える哲学

加地大介 著
Daisuke Kachi

教育評論社

装幀・図版＝浅田潤

まえがき

本書は、２００３年に哲学書房（２０１５年に廃業）から出版された拙著『なぜ私たちは過去へ行けないのか――ほんとうの哲学入門』を増補・改訂・改題したものです。基本的な部分の内容は旧版と変わっていませんが、第一章・第二章の順序を逆にした上で、それぞれに新たなエピローグを付け加え、いくつかの箇所に補註を施しました。

これらの変更は、私がほぼ20年にわたって旧版を大学での入門的な哲学の授業の教科書として（隔年ごとに）使い続けた中で得られた教訓や成果を反映しています。もともと旧版でも、私自身の原稿の段階ではこの新版と同じ順序の章立てが構想されていたということもあって、私の授業は、まず鏡像反転論を、その次にタイムトラベル論を扱った上で、最後に時間の余裕に応じて鏡像論のエピローグとしてのカントの空間論を紹介する、という順序で行われていました。この順序の方が、どちらかと言えばより日常的な文脈での問いからより哲学的な文脈での問いへと移行していくという点では自然だと思われ、実際、この順序で行ってきて良かったと思っています。ただ、旧版でその逆の順序が採用された理由の一つとして、鏡像論の中に若干の幾何学的な想像力を要求する部分（特に第7節「デカルト座標と回転座標」）があるので、そこで多くの読者の方が早々に挫折されてしまうのではないかと、哲学書房の編集者（であると同時に社長）である中野幹隆さん（故人）が懸念された、ということがありました。

第一章の幾何学的要素に関する問題については、図を改良したり、補註の全体図を用いて多少なりとも議論の全体像を明確にしたりすることによって改善を図りましたが、上記のような懸念をご自身についてお持ちである方とか、むしろ時間論やタイムトラベル論の方に興味があるという方は、旧版の順序に沿って第二章から読んでくださってもまったく構いません。両者の内容自体は独立していますので、特に大きな支障はありません。ただ、新版で新たに追加された各章の「エピローグ2」は、哲学的な議論としての難易度が少し高まっていますので、最後にお読みいただくのが良いかと思います。

また、新版で施した補註の中には、旧版出版から20年を経てのどちらかと言えば教員目線・研究者目線で書かれた、いわば「哲学通」向けの補註も多く含まれており、その中でも特に専門的な補註に対しては、註番号の上にアステリスクを付けておきました。そのような補註については参照しないで本文を読み通していただく方が、特に哲学への入門書として新版から初めて読んでくださる方には適しているだろうと思います。註が一つも無かった旧版同様、まずはまっさらな本文に接して、いくつかの疑問を著者に対して自ら投じつつ、読み進めていただきたいというのが私自身の願いです。その後で改めて補註を参照していただければ、ひょっとするとそうした疑問に対する回答を与えてくれるかもしれませんし、逆にさらなる疑問をいっそうかき立てるかもしれません。

どのような形であれ、この新版によって「自ら哲学する」という機会を皆さんに多少なりとも新たに与えられるとすれば、著者としてこのうえない幸いです。

旧版のまえがき*

皆さんは「哲学」というとどのようなイメージをお持ちでしょうか。おそらく「変わった学問」「難しい学問」というイメージをお持ちの方が多いのではないでしょうか。仮にそのとおりだとしても、重要なのは、どのような意味で「変わっている」のか、どのような意味で「難しい」のか、ということです。学問に限らず、スポーツ、芸術、技術などのいわゆる文化的な営みは、いずれも何か変わったことであり、また難しいことを含んでいます。

哲学が変わった学問だとすれば、それはなぜかというと、ふだんはあまり考えないようなことを考えるからです。哲学は、あまりにも基礎的・根本的であるためにふつうは問題にされない事柄をあえて追究したり、「当たり前」とされていることについて、本当に当たり前なのか、どのような意味で当たり前なのか、を考察したりします。

そして哲学が難しいとすれば、そのようなことを考えるためには、ふだんはあまり使わない脳みその部分を使わなければならないからです。この点で、やはりスポーツや芸術と似たところがあります。それはちょうど、テニスでバックハンドショットを打ったり、ピアノで薬指や小指を使ったりという、ふだんはあまり使わない筋肉や神経を用いた動作を要求されるのと同様です。それらを上達させるためにはときに苦しい訓練も必要ですが、その過程においては、全身を使い切る快感とか、自己の潜在的能力を引き出していく喜びなどがあるでしょう。

哲学の場合は、意識的にふだんとは異なる角度から物事を考えてみたり、ふだんは直観的に判断している事柄をあえて細かいステップに分けて一つ一つ考え直してみたりすることが必要です。いわば、色々な「思考の技」が要求されるのです。それは特に最初は難しく感じるかもしれませんが、少しずつ体得していく過程においては、苦しさと同時に、脳みそ全体をもみほぐしていくような快感とか、世界に潜む様々な可能性を見出していく喜びなども感じられるでしょう。それを通して、世界と自分自身についてのより柔軟で豊かな見方を獲得していけるはずです。

私は、そのような哲学する喜びを皆さん自身にまず体験していただきたいと思いました。そのため半ば独白調、似非私小説風の叙述形式をとることになりました。一つの具体的なサンプルを示すことによって、哲学する人間の頭の中ではどのようなことが展開しているのかを、少しでもリアルに伝えたかったからです。
また、哲学するためには必ずしも身構えたり深刻になったりする必要はありません。鏡のような身の回りの道具の中にも哲学する種はいっぱい詰まっていますし、娯楽映画を存分に楽しんだその延長上で哲学することができます。この本では、鏡像反転の謎やタイムトラベル映画の謎について考えながら「右と左」「過去と未来」という私たちの基本概念を分析し、空間と時間にまつわるいくつかの哲学的問題に答えていくことを試みます。

では皆さん、いまからちょっと哲学してみましょう。

＊本書全体の趣旨をご理解いただくために、また、20年前のまだ初々しい？私の意気込みを感じ取っていただくためにも、旧版のまえがきも掲載しました。

なぜ鏡は左右だけ反転させるのか

空間と時間から考える哲学―目次

第二章　なぜ私たちは過去へ行けないのか

＊本書は2003年に哲学書房から出版された『なぜ私たちは過去へ行けないのか——ほんとうの哲学入門』に加筆修正を施して改題をしたものです。

第一章　なぜ鏡は左右だけ反転させるのか

1　鏡像反転の謎

私には、鏡を見ると独り言を言ってしまう妙な癖があります。目の前に映っている自分の像に対して知らずと「馬鹿だねえ」とか「情けないなあ」などと語りかけてしまうのです。鏡に映った自分を攻撃する鳥や昆虫の類と頭の作りが大して変わらないのでしょう。妻は、そんな私を見ては「ああ、またやってる」という感じの冷たい視線を浴びせるのですが、ほとんど条件反射のようなものなので、どうしようもありません。

でも、『白雪姫』に登場する魔女だって「ロンパールーム」[1]のお姉さんだって鏡に語りかけていたし、鏡はどことなく謎めいた力を感じさせるのではないでしょうか。平安時代には、鏡の曇りは恋人が心離れしたことを意味したそうです。今でも、割れた鏡は不吉な出来事の予兆だと言われます。先日、私もふとしたきっかけで鏡に関する一つの謎に思い当たり、それが頭から離れなくなってしまいました。その謎とは、鏡が上下は反転させないで左右だけを反転させるという「鏡像反転の謎」のことです。

ご存じのように（たまに「ええっ、知らなかったー」と言う人がいますが）、私と私の鏡像は、まったく同じようでありながら実は同じではありません。[2] たとえば、私の顔の右側にはほくろがありますが、私の鏡像のほくろは顔の左側にあります。私は髪を左で分けていますが、鏡像は右で分けています。つまり、私と私の鏡像を重ね合わせたとしても、ぴったりとは一致しないのです。そして私が左を向けば、鏡像は右を向きます。私が右目でウィンクすると左目でウィンクを返してきます。でも、私が上を向けば鏡像が下を向くとか、頭を揺らせば足を揺らして返すなどということは決してありません。

えっ、そんなの当たり前だって？　私もそう思っていたのですが、最近それがどうも当たり前とは思えなくなってしまったのです。考えてみれば、鏡が像を映すのは、光の反射という物理現象の結果です。そして物理現象である以上、鏡（平面鏡）の反射面に対してどの方向から光が当たったとしてもまったく同様の結果をもたらすはずです。つまり、光がどの方向から当たっているかにかかわりなく、入射角と同じ角度で光が反射するという同一の現象が鏡面で起きているはずです。にもかかわらず、なぜか左右方向では像を反転させ、上下方向では反転させないという、異質の現象を生じさせているのです。

これは、やっぱり不思議なことだと思いませんか？　仮に、垂直に立てた鏡の反射面に対して左右方向つまり水平方向に光を当て続けると鏡面の温度が上昇するけれど、上下方向つまり垂直方向に当て続けても温度は上昇しないというようなことが起こったとしたら、これは驚くべき自然現象

図1　プラカード

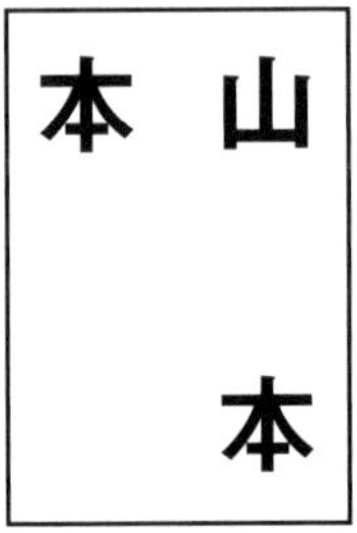

図2　プラカードの鏡像1

だということになると思うのですが、それとまったく同様のことが鏡像反転という現象には起きているといえないでしょうか。

鏡像反転という現象をしっかり理解するために、たとえば図1のようなプラカードについて考えてみましょう。

このプラカードは、縦の方向にも横の方向にも「山本」と読めるようになっています。では、これを鏡に映してみましょう。すると図2のようになります。

そう、縦読みの「山本」は「山本」のままなのに、横読みの「山本」は「本山」に変わっていますね。つまり、上下は反転しないで左右だけが反転しています。

また、自分の鏡像を、柔らかく薄い塩化ビニルでできた自分のぬいぐるみのようなものだと考えてみましょう。つまり、すっぽりとその中に自分が入れるような空洞をもち、私の姿が表面に描かれた塩化ビニル製の薄皮だけから成っているようなものとして像を解釈するのです。その上で、自分が鏡の向こうのぬいぐるみの中に入っていくことを想像してみましょう。その際、右袖の方

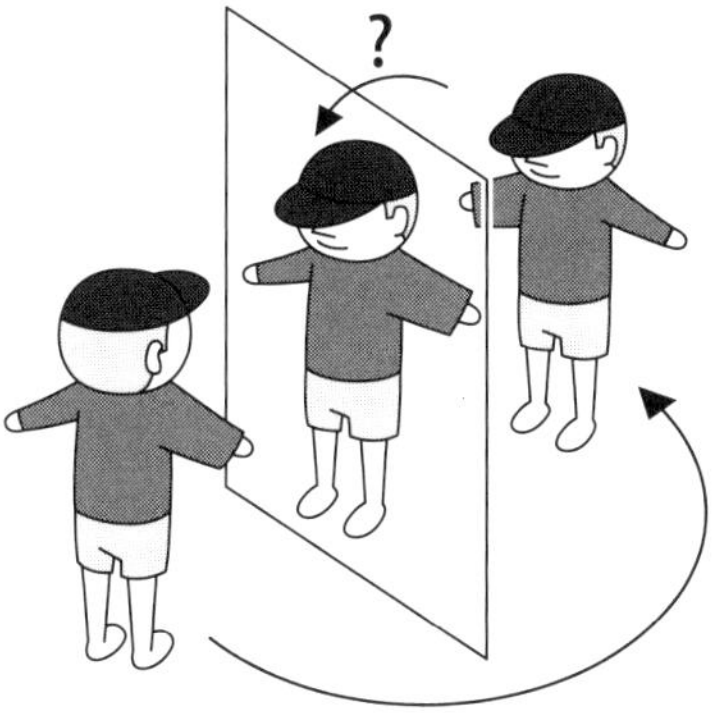

図3　ぬいぐるみとしての鏡像1

が左袖よりも太い、左右アンバランスな服を着ているとします。すると、自分の頭はぬいぐるみの頭へ、自分の足はぬいぐるみの足へと納まるのに対し、私の右袖は太いのにぬいぐるみの右袖は細いため、うまく納まりません。そして私の左袖はぬいぐるみの中でダブついてしまいます、つまり、左右の方向でだけ形が入れ替わっているのです（図3）[3]。

　私は最初、私たちの目が二つ水平に並んでいるから、横方向だけが反転するのではないか、と考えました。それで、首を横にかしげて鏡を見てみました。しかし通常の場合となにも変わりませんでした。さらに、片目をつぶって鏡を見てみました。やはり、なにも変化しませんでした[4]。

　次に考えたのは、「上下」と「左右」という方向分けがまずいんじゃないかということです。上下方向は空と地面の方向だから、私の向きや姿勢に関係なく決まる方向だけれど、左右方向は、私の向きや姿勢によって変わってしまう方向です。つまり、絶対的な方向基準と相対的な方向基準をごた混ぜにしているから問題が生じているのではないのでしょうか。(5)

でも、よく考えてみるとこれも間違いでした。実は私がこの鏡像反転の不思議をあらためて認識したのは、夏の暑い日、畳の上でごろ寝をしていたときでした。そのとき私は、右手で頭を支えて横向きに寝そべりながら、蚊に刺された左腿を左手でポリポリと掻いていました。そしてたまたま、目の前のガラスに映った自分のだらしない姿が目に入りました。(6) その像は、やはり左手ではなく右手で右腿を掻いていました……。

しかしそのとき私はふと思いました。

あれ？　今私の鏡像で反転していないのは上下方向じゃないぞ。だって、今私は寝そべっているのだから、反転しないのは天地方向つまり垂直方向ではなく、水平方向だから。どういうことだろう？

しばらく考えた後に、私は次のような結論に達しました。

〈鏡像が反転させないのは、上下方向というよりも、むしろ頭足方向というべきだ〉。

つまり、人間に限らず、だいたいどんなものにも、その頭部と脚部に当たる部分があります。木のてっぺんと根っこ、家の屋根と基礎、机の天板と脚、「山」という字の真ん中の縦線の頂点と下の横線等々。通常の状態で空の方向を向いている部分が頭部とされ、地面を向いている方向が脚部だとされると考えてよいでしょう。重要なのは、当のものが横たえられたり、逆さにされたりしても、いつもと同じ部分が頭部、脚部と見なされるということです。その結果、頭足方向と一致する絶対的な方向は、その対象がどのような姿勢・状態におかれているかによって変わることになります。私たちが寝そべれば、その頭足方向は水平方向であることになり、逆立ちすれば、頭足方向は、天地方向ではなく「地天」方向になります。

したがって、やはり鏡像反転の問題は、上下と左右という方向付けの方法の相違によって説明できてしまうような単純な問題ではなかったのです。それは次のように、より正確に言い表すことができます。

〈頭足方向も左右方向も、当該の対象の向きに依存する相対的な方向付けであるという点で同質の方向付けであるにもかかわらず、鏡は、なぜ頭足方向は反転させないで左右方向だけ反転させるのか〉。

しかし、そうだとすると謎は深まるばかりです。なぜなら、頭足方向も左右方向も物体や文字の向きに依存する方向なのに、それらがどのような方向を向いていても鏡は常に頭足方向は反転させないで左右だけを反転させるのだとしたら、いかにも鏡がそのときどきの対象の姿勢を自ら「認識」し、どちらが頭足方向でどちらが左右方向であるかを判別した上で、その対象の左右方向を反転させているかのようではないですか。

うーむ、恐るべし、鏡……。

ここまで考えたときに、さらに謎を深める別の事例に気づいてしまいました。先ほどは、いつもと違って寝そべった状態で自分の像を見たときのことを考えたのですが、今度は、立っている自分の真下に鏡が置いてある状況を考えてみました。ぴかぴかに磨いた床の上に立ったときなど、似たようなことが起こるでしょう（図4）。この場合も、やはり私が右手を振れば鏡像は左手を振ります。したがって、「左右」が反転していると言えます。

しかし通常と異なるのは、この場合は、左右だけでなく「上下」方向も反転しているということです。なぜなら、私の頭は空に向かい、脚は地面に向かっているのに、私の鏡像の頭は地面に、脚

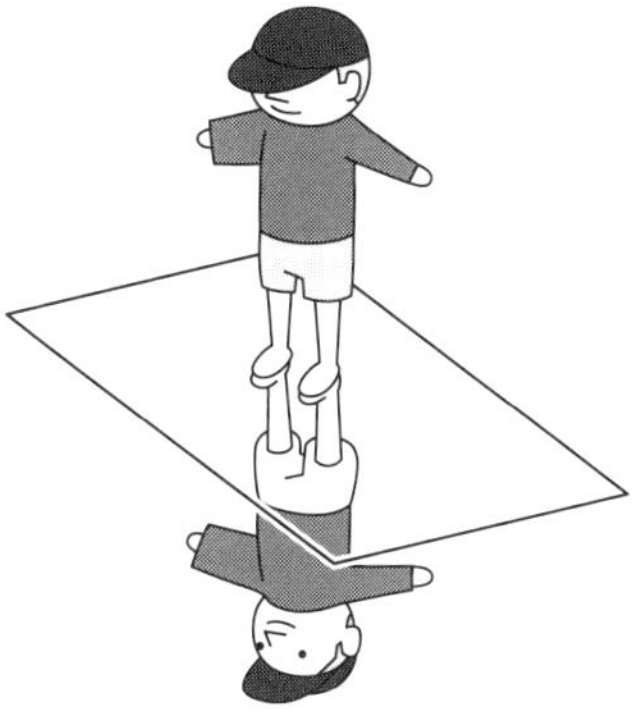

図4　足もとの鏡像

は空に向かっているからです。つまり、上下も左右も両方反転しているのです。しかもこの場合の上下方向とは「頭足」方向であると同時に「天地」方向でもあるので、「上下」の解釈には依存しません。

うん？　でも私が頭を振れば向こうも頭を振り、私が足を揺らせば向こうも足を揺らす、という点では、やっぱり「頭足」は反転していないぞ？　どういうことだー。ああ、頭の中がぐちゃぐちゃになってきた……。

2　鏡は上下も左右も反転させない

どうもこのまま一人で考えていても埒《らち》があきそうにない。

そう思って、マーティン・ガードナーという人の『自然界における左と右』という本を買って読んでみました。(7) その第3章で、鏡像反転の問題が扱われているのです。ガードナーは、鏡像反転についての次のように述べていました。

〈数学的に厳密な言い方をすれば、鏡は左右を逆転してはいない。本当は前後を逆転しているのである!〉

えーっ、どういうことだろう。

ガードナーの説明はだいたい次のようでした。

＊＊＊

たとえば、部屋の北壁一面が鏡になっており、それに向かって自分が立っているとする。すると、自分の左側が西、右側が東になっている。そして今左手を動かせば、鏡像も手を動かすが、その手はやはり西側の手だ。東側の目、つまり右目をウィンクすると鏡像もやはり東側の目をウィンクする。同じように、自分の頭は上にあり、足は下にあるが、鏡像の頭と足もそれぞれ上と下を向いている。つまり、実物も鏡像も、鏡面に平行な二つの軸である東西軸と上下軸は同じ方向を向いており、逆転は起こっていない。

これに対し、鏡面に垂直な軸である前後軸つまり南北軸について見てみると、ここでは逆転が起こっている。なぜなら、実際の自分は北を向いているが、鏡像は南を向いているからである。このことは、鏡面に肩を向けて立ったときや鏡の上に立ったときを考えて見るといっそうはっきりする。前者の場合は、鏡面に垂直な軸方向が自分の左右方向と一致するため、この場合は、厳密に幾何学的な意味で左右の反転が起こることになる。また後者では上下が反転する。

＊＊＊

なるほどー、賢い。

たしかに、「頭足方向」と「左右方向」という相対的な方向どうしの間では、反転に関して違いが生じているけれど、「上下（天地）方向」と「東西方向」という絶対的な方向の間では、違いが生じていません。これで、鏡に当たる光の方向によって異質の現象が起こってしまうという問題は解消されるわけです。

そして、反転しているのは実は鏡面の前後だと考えれば、鏡を下に置いたときの問題も解決します。どんな向きに鏡が置かれても、とにかくその垂直方向が反転すると考えればよいからです。そして鏡の「前後」という、鏡に垂直な方向は、鏡に平行な各方向とはもともと異質な方向なのだから、前後方向だけ反転しても、物理現象としてなんの問題もないのです。

でもそれがどうして「数学的に厳密な意味」ということになるのだろう？

きっとこういう意味でしょう。学校の数学で、「デカルト座標」というのを習いました。近世フランスの哲学者で数学者でもあったデカルトが考案したので、このように呼ぶそうです。そう、垂直に交わるx軸、y軸、z軸からできているやつです。今、鏡の面がy軸とz軸によって作られる平面上にあるとしましょう。そして、鏡に映っている対象の表面のある点Mの座標が（a,b,c）と表されるとしましょう。すると、点Mの鏡像の座標は、（−a,b,c）と表すことができます。つまり、鏡に平行なy座標とz座標の値は変わらないけれど、鏡に垂直なx座標の値だけが符号を逆転するのです（図5）。

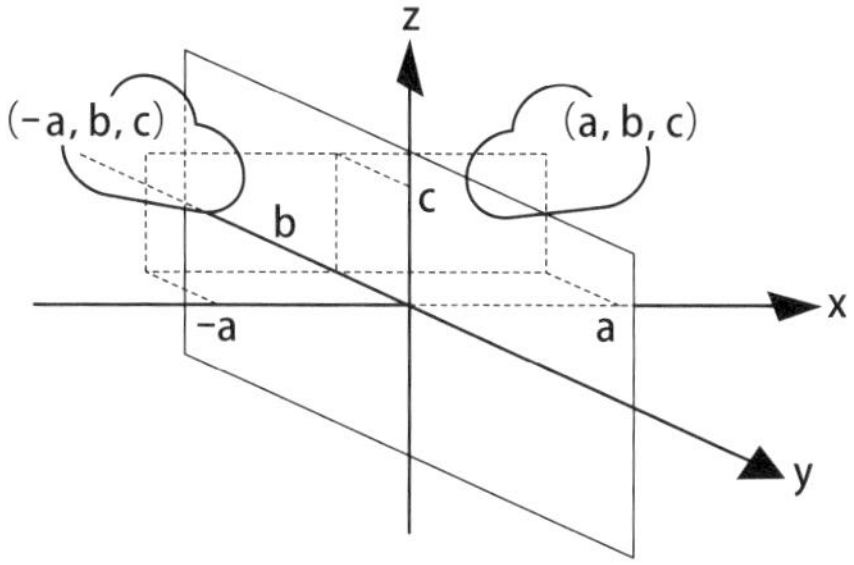

図5　デカルトの座標軸と鏡像

なんだ、鏡像反転はそんな単純にすっきり説明できてしまう現象だったんだ。でもそうだとしたら、どうして私たちは前後ではなく左右が逆転すると考えてしまうのだろう？

ガードナーは、それも説明してくれていました。だいたい次のような理由です。

＊＊＊

その理由は、私たちの身体の特徴にある。人間も含め、たいていの動物には対称面が一つしかない。頭の上から足の先まで、身体の中心を通ってそれを左と右、すなわち、二つの鏡像に分けるような平面である（これはもちろん、表面全体について大ざっぱに言っての話である）。身体の前と後ろ、上と下には、そのような関係はない。この事実と、引力がものをすべて下方に引きつけるということのために、私たちの作る多数のものも左右対称である（上と同様の大ざっぱな意味で）。

これらの要因によって、私たちは鏡を見たとき、自分がその中に入った状態を想像して実物と鏡像とを比較し、その相違を区別するために、右と左が入れ替わったと言う。その言い方が最も便利だからである。しかしそれは単に言い方の問題であって、習慣的にそのような言葉の使い方をするにすぎない。数学的には、鏡はその鏡面に直角な軸に沿って色々な図形の各点の位置を逆転していると言うべきなのだ。

＊＊＊

そして最後に彼は次のようにまとめていました。

〈混乱のほとんどが、一般の言語では左右反転をわれわれの（生物学的な）左右対称をもとに定義することから起こっている。三次元空間の座標幾何の正確な言葉を使えば、各座標軸がおのおのx、y、zと呼ばれる以外は何も他の区別がないから、この混乱は消滅する(8)〉。


そっかー。私は言葉のせいで混乱していただけなんだ。あの驚きはなんだったんだ。あんなに色々考えて損しちゃった。数学って偉いんだなー。もっと勉強しとけばよかった……。

そんなことを考えているうちに私は眠くなってきました。それで、もう鏡のことは忘れてさっさと寝ることにしました。

3　ノボル君の悩み

翌日の朝、私は夜に見た夢のことを思い出していました。それは幼なじみのノボルくんの夢でした。

ノボルくんは泣いていました。

「お父さんは僕のことを愛してくれない。お父さんもお母さんもどちらもぼくの親なのだから、平等に愛してくれなくっちゃいけないはずなのに、どうしてお父さんはお母さんと同じくらい僕を愛してくれないんだろう」。

するとガードナーという名のおじさんがやってきて彼を慰めました。

「坊や、泣かなくても良いんだよ。そんなに泣くなら、おじさんが君に別のお父さんとお母さんともう一人おまけをあげよう。そのお父さんとお母さんはどちらも同じくらい君を愛さない。だからもう悩まされることはないよ。え、そんなのいやだって？　安心しなさい。おまけの一人が君をたくさん愛してくれるから」。

ノボルくんは、そんなの全然うれしくないーと言って、ますます大声を上げて泣きました。

うーん、いかにもでっち上げたような夢だ。

そう思いながら、私は再び鏡像反転について考えることにしました。たしかに、ガードナーの説明は見事です。しかし、そもそも私の疑問がなんだったのか、それをもう一度思い出してみましょう。それは次のような問いでした。

〈頭足方向も左右方向も、当該の対象の向きに依存する相対的な方向付けであるという点で同質の方向付けであるにもかかわらず、鏡は、なぜ頭足方向は反転させないで左右方向だけ反転させるのか〉。

この問いは、鏡像反転をただきれいに説明してくれさえすれば解決するという問題ではなく、「左右」と「頭足」という鏡面に平行な相対的方向に関して、一方では反転し、もう一方では反転しないというこの現象そのものに関する疑問です。ガードナーの説明は、その疑問自体には回答を与えないで、鏡像反転について、「左右」という概念を用いない別の説明方法を提示しただけなのではないでしょうか。その意味で、私の疑問をただ回避しているだけなのではないのでしょうか。

ノボルくんの悩みはあくまでも彼のお父さんとお母さんの愛情についての悩みであって、いくら他人が愛してくれてもその解決にはなりません。それと同じように、鏡像反転に関する私の悩みは、あくまでも「頭足」と「左右」に関する悩みであって、いくら「前後」を用いて反転を説明してくれても、その解決にはならないのです。

それに、よくよく考えてみると、ガードナーの説明にも納得のいかないところがいくつかあります。彼は、「数学的に厳密な言い方をすれば、鏡は左右を逆転してはいない」とはっきり主張しておきながら、一方で、鏡面に肩を向けて立ったときは「厳密に幾何学的な意味で左右の反転が起こることになる」と述べています。これは矛盾していないのでしょうか。少なくともいくつかの場合

図6　コーヒーカップ

には文字どおり「左右」が反転すると言ってよい、と彼も考えているのではないでしょうか。

　また、私たちの身体や私たちが作るものの多くがほぼ左右対称であるため、左右が入れ替わったものとして鏡像を解釈してしまうと彼は述べますが、左右が反転するのは、決して左右対称のものだけではありません。そのことは、文字の反転について考えればすぐわかります。たとえば、「く」「に」「C」「E」などの文字は、左右対称ではなく上下（頭足）対称です。それなのに、他の文字と同じように鏡に映すと左右が反転します。また、物体についても、たとえば、上のようなコーヒーカップの鏡像について考えてみましょう[9]（図6）。

　これなども、少なくとも鏡に映る部分に即して考えれば、左右対称というよりは、上下対称という性格の方が強いと言えるでしょう。だけれど、やはり左右が反転するのです。

　たしかに、いくらかの物体や文字が左右対称でないとしても、私たちの身体を始めとする圧倒的多数の対象が左右対称であるため、習慣によって左右対称でないものについても左右を反転させてしまうのだ、とは言えるかもしれません。ただ、そうだとしても、その習慣を形成する要因として左右の対称性がどれくらいの比重を占めているのか、多くの物体が左右対称でなかったら本当に左右の反転は起こらないのか、といったことを考えてみる必要があるでしょう。

さらに、ガードナーによれば、鏡はその鏡面の前後方向を反転させるといいます。そしてそれは、鏡面がｙｚ軸上にあれば対象表面の点のｘの値が符号を逆転させる、という形で幾何学的に説明できるというのですが、そのように反転を規定すると、常に鏡と対象の位置関係を含んだ形で鏡像反転を捉えなければいけないことになるのではないでしょうか。しかし、たとえば、私が右手を振るとか、左目をウィンクするといったことは、私がどの位置に立っていようが、どの向きを向いていようが、成立することです。私の右手や左目がどれであるかは、私の身体だけに着目して把握できるからです。そして、同様のことは鏡像についても言えます。つまり、鏡像がどの方向を向き、どの位置に見えるかにかかわらず、とにかく鏡像は左手を振り、右目でウィンクするのです。

実際、鏡の上に立ったときに「頭足」「天地」いずれの意味においても「上下」方向が反転する、というのは、物体、鏡、鏡像の位置関係を考慮して物体と鏡像を比較した場合であるのに対し、私が頭を振れば鏡像も頭を振り、私が足を揺らせば鏡像も足を揺らす、というのは、両者の位置関係を度外視して比較した場合だという形で整理できます。とすれば、やはりガードナーの見方だけでは捉えられない側面を鏡像反転は含んでいることになるでしょう。

このように考えてみると、鏡像はまだまだその謎から完全に解き放たれてはいないようです。

WHY DO MIRRORS REVERSE RIGHT / LEFT
BUT NOT UP / DOWN?*

図7　論文タイトル

4　鏡は上下も左右も反転させる

私は、先に進む手がかりを得るため、ガードナーの本の中で紹介されていたネッド・ブロックという人の「なぜ鏡は右／左を反転させるが上／下は反転させないのか」というそのものずばりの論文を読んでみました。[10] この論文の印刷されたタイトルは、上のような鏡像になっていました（図7）。

この論文が載った雑誌は、かなり権威のある哲学雑誌なのに、こんなふざけたことを許すとは、編集者もおちゃめだったんだろうなあ。

ブロックは、鏡像反転について次のようにまとめていました。

〈鏡は、実は上下（頭足）も左右も反転させないか、上下（頭足）も左右も反転させるかのどちらかである〉。

うーむ、こちらも意外な結論だ。なぜこんなことが言えてしまうんだろう。
彼の説明の趣旨は次のようでした。

＊＊＊

左右は反転させるが上下は反転させないという鏡像反転の謎が、「天地」と「左右」という方向付けの間での非対称性の問題であるならば、それは謎でもなんでもない。「天地」は対象に依存しない絶対的な方向付けであるのに対し、「左右」は身体に依存する相対的な方向付けだから、そもそも異質な方向付けを組み合わせることに問題があるのだ。したがって鏡像反転の問題は、あくまでも「頭足」と「左右」という身体に相対的な方向付けに関しての問題として捉えるべきである。

しかしそう捉えたとしても、実は両者にも違いがある。それは、「頭足」が身体の解剖学的特徴に言及しているのに対し、「左右」はそうでないという相違である。そして、もしも「頭足」に対応する意味での「右」「左」の概念、つまり解剖学的特徴に言及することによって得られる左右方向の概念と、「左右」に対応する意味での「頭方向」「足方向」、つまり解剖学的特徴に言及しないで得られる頭足方向の概念をそれぞれ補ってやって鏡像反転の問題を考えるならば、反転における非対称性は消失してしまう。具体的に述べれば次のとおりである。

まず解剖学的な特徴に言及した場合の「左」「右」は、身体を正面から縦割りの中心面で二分割した場合にその面から心臓に向かう方向とその反対方向である。それぞれを「心臓方向」「肝臓方向」と呼ぶことにしよう（肝臓が本当に右半身にあるのかどうか知らないけれど、ここではそうだと仮定することにしよう）。すると、私にとっての心臓方向は鏡像にとっても心臓方向であり、肝臓方向についても同様である。つまりこの場合、鏡像は「頭足方向」としての上下方向も「心肝方向」としての左右方向も反転させない。この意味で上下と左右は鏡像に関して対称的であり、物理学的現象としての不思議はない。

これに対し、解剖学的特徴に言及しない第二の場合では、逆の意味での対称性が成立する。つまりその場合、鏡は上下も左右も反転させると言える。そのことを理解するために、次のように第二の意味での上下左右を定義しよう。

まずある物体についてその底面方向（下方）と正面方向（前方）を決定する。その上で、想像上でその物体に対して自分の足方向と正面方向をそれぞれ前者と後者に合わせたとき、自分

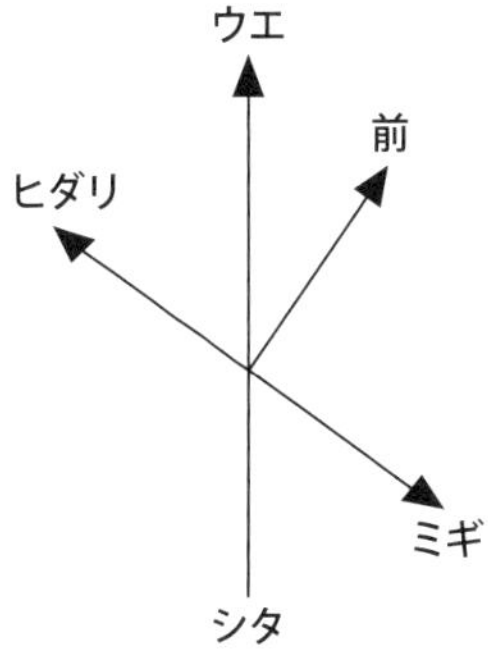

図8　ウエシタヒダリミギ1

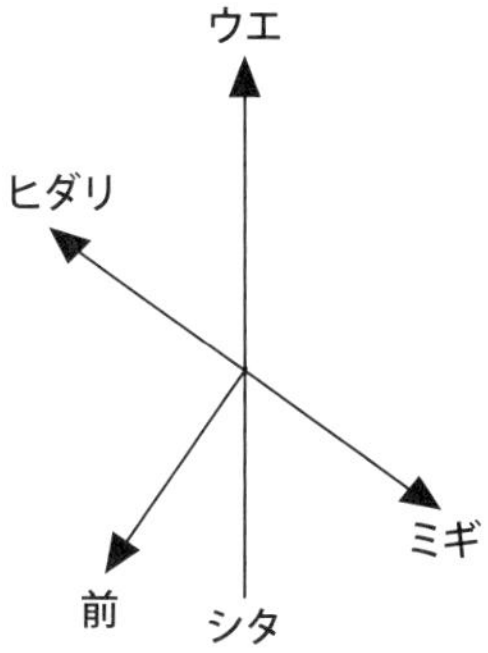

図9　ウエシタヒダリミギ2

の右手方向がその物体にとっての右方向で、その逆方向が左方向であるとする。このように定められた上下左右を、第一の意味での上下左右（頭足心肝）と区別するために、それぞれ「ウエ」「シタ」「ヒダリ」「ミギ」とカタカナで表記することにしよう。すると上の図8のような方向関係が成立する。そしてその鏡像は図9のようになる。

さて、その上で両者の反転関係について考えると、二つの見方が可能であることがわかる。それは、両者の前を重ね合わせるためにウエとウエ、シタとシタを一致させて回転する見方と、両者のヒダリとヒダリ、ミギとミギを一致させて回転する見方である。前者の場合、ヒダリがミギへ、ミギがヒダリへと重なり、後者の場合、ウエがシタへ、シタがウエへと重なる。つまり前者ではミギヒダリが反転し、後者ではウエシタが反転している。その結果、「上下左右」を今述べたように「ウエシタヒダリミギ」として解釈するならば、上下も左右も反転すると言えることになり、ここでも反転における非対称性は消失するのである。

以上のように、上下左右を「頭足心肝」と解釈しようが「ウエシタヒダリミギ」と解釈しようが、鏡は左右だけを反転させて上下を反転させないというような非対称性は見出されない。にもかかわらず私たちがそのような非対称性を見出してしまうのはおそらく、「左右を反転させる」と考えるときはその「左右」を「ヒダリミギ」として解釈し、「上下は反転させない」と考えるときにはその「上下」を「頭足」として解釈しているからだろう。つまり、実はこの場合も、異なるカテゴリーの方向概念を組み合わせるという点で、「天地」と「左右」を組み合わせるのに似た誤りを犯しているのである。(11)

＊＊＊

なるほどー。鏡像反転の謎の原因は、鏡にではなく、結局のところ私たちが勝手に二つの異質な方向付けを組み合わせてしまっていることにあったんだ。

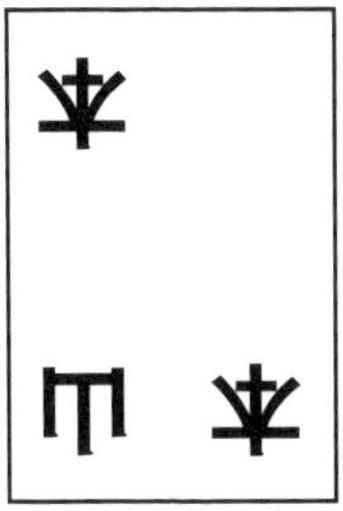

図10　プラカードの鏡像2

図11　ぬいぐるみとしての鏡像2

そしてブロックの場合は、ガードナーと異なり、しっかり左右の概念を分析した上でそのことを示しています。その意味で、決して私の問いを回避するのではなく、真正面から答えてくれているのです。

考えてみれば、冒頭に挙げた「山本」のプラカードの鏡像にしても、あれはたまたま私がカードを水平方向に回転させて鏡に映したから左右方向が反転したのであって、もしも垂直方向に回転させれば、図10のように映っていたはずです。つまり、この場合は、「左右」は反転せず、「上下」が反転しています。

また、私のぬいぐるみの中に入っていく場合にしても、私は身体を水平に回転させて向きを変え、その中に入っていくことを自然に想像してしまうから、左右が反転するのであって、原理的には、私が垂直方向に回転して逆立ちし、私の頭をぬいぐるみの足に入れ、私の足をぬいぐるみの頭に入れることだって考えられます。そしてその場合は、私の太い袖はぬいぐるみの太い袖へ、細い袖は細い袖へと納まるのに、頭は足に、足は頭に納まります。つまり、この場合も反転するのは「左右」ではなく「上下（頭足）」なのです（前頁図11）。

結局、物体を回転させてその鏡像と比較するとき、たまたま回転の軸となった方向は反転せず、それに垂直な方向は反転するということなのです。そう考えればすむことなのに、私たちは、回転軸の方向を「頭足」方向として捉えるため、それに「心肝」方向を対応付けてしまい、「心肝」方向も反転しないはずなのになぜこちらだけ反転してしまうのだろう、と悩む、というわけです。

そうかー、人間って愚かなんだなあ。まあ、でもいちおう納得した。これで心おきなく眠れそうだ。

そう思いながら、私は床につきました。

5　ふたたびノボル君の悩み

また、ノボルくんの夢を見ました。

ノボルくんはまだ泣いていました。こんどはブロックという名のおじさんがやってきて彼を慰めました。

「坊や、安心しなさい。君のお父さんもお母さんも同じように君を愛しているか、同じように愛していないかのどちらかだから。ただ君は、愛してくれないお父さんと愛してくれるお母さんを自分で勝手に選んで組み合わせてしまっているのだ」。

ノボルくんはそれを聞いて考えました。

「どうしてぼくを愛してくれる両親以外に愛してくれない両親もいるんだろう。それからどうしてぼくはそんな組み合わせをしてしまうんだろう。愛してくれないお母さんと愛してくれるお父さんだって選べたはずなのに……」。

ノボルくんの悩みは深まるばかりのようでした。

うーん、いかにも都合の良い夢だ。

そう思ったけれど、そんなことは気にせず再度鏡像について考えることにしました。

ブロックは、私たちの身体の解剖学的特徴に言及しているかいないかによって、どちらの方向も反転させせない「上下左右」とどちらも反転させる「上下左右」、つまり「頭足心肝」と「ウエシタヒダリミギ」という方向付けを区別しています。しかし、そのような区別の基準では、私たちの身体にしか適用できないでしょう。もちろん、もう少し一般化して、鏡に映す対象の物体的構造に言及することによる方向付け、たとえば、机の天板と脚、引き出しのある側とない側、などという形で「頭足心肝」に当たる方向付けを他の物体にも適用できるでしょう。ただ、それがこの方向付けの本質的・一般的な意味なのでしょうか。

振り返ってみれば、いずれの方向も反転させせない「上下左右」とは、ガードナーが鏡像反転を分析したときに用いた見方と同じものです。ガードナーは、対象とその鏡像は鏡面をはさんで面対称の関係にあるということに着目し、デカルト座標を用いて幾何学的に説明していました。つまり、yz軸上に鏡面があると考えれば、対象のyz座標の値は変わらず、x座標の値だけが符号を逆転させる、という形で分析していました。「頭足心肝」という方向付けの本質は、このように面対称という考え方を用いているところにあるのであって、身体的・物体的構造への言及は、あくまでも副次的なのではないでしょうか。

そして、ガードナーによる鏡像反転の分析は結局左右の概念を回避した形での問題解決にすぎなかった、という批判が正しければ、その批判はこの部分のブロックの議論にも当てはまってしまうのではないでしょうか。つまり、いずれの方向も反転させないという意味での「上下左右」すなわち「頭足心肝」という方向付けは、実は本来の「左右」の概念とはなんの関係も持っていない方向付けだと言えるのではないでしょうか。だとすると、ブロックが示したもう一方の方向付け、つまり「ウエシタヒダリミギ」だけに即して鏡像反転の謎を解明すべきなのではないでしょうか。

実際、そもそもなぜ私たちは、「頭足心肝」と「ウエシタヒダリミギ」という二つの方向付けを組み合わせる、などというまどろっこしいことを必要もないのにあえてしてしまうのでしょう。解剖学的特徴への言及というブロックの着目点は、ひょっとするとこの点に関係しているのかもしれません。なぜなら、私たちは物体や身体を見るとき、決して幾何学的に一般化して解釈しているのではなく、ただちに日常的な意味づけをして解釈してしまいます。その結果、「ウエシタヒダリミギ」という方向付けに「頭足心肝」を混在させてしまう、というストーリーが考えられるからです。

しかしその場合にも、今度は逆に、なぜ「頭足心肝」だけで考えないで「ウエシタヒダリミギ」を同時に用いてしまうのだろう、という疑問が残ります。言い換えれば、どうしてガードナーのように、前後が反転すると単純に考えないのでしょうか。解剖学的特徴への言及というブロックの見方を前後方向にも適用すれば、前方向は「腹」、後方向は「背」ということになるでしょう。したがって、「頭足心肝腹背」という方向付けのもとで、鏡は「腹背」方向を反転させる、というように考えられるけれど、実際にはそう考えないのはなぜでしょうか。やはりガードナーが主張したように、私たちの身体の左右対称性が原因なのでしょうか。

さらに、仮に二つの方向付けの混在という見方が正しいとしても、まず、第一に、二つの方向付けの組み合わせ方としては「頭足ヒダリミギ」という組み合わせ方以外に「ウエシタ心肝」という組み合わせ方だってあり得たはずです。それなのに、なぜ私たちは後者ではなく前者を選んでしまうのでしょう。これも左右対称性のゆえなのでしょうか。

また、そもそも「ウエシタヒダリミギ」という方向付けはどのような意味をもった方向付けなのでしょう。単に身体的構造に言及しない方向付けという否定形による性格付けではなく、いかなる一般的意味をもった方向付けなのかを肯定形によって説明する必要があるでしょう。また、ガードナーが「頭足心肝」という方向付けに基づく鏡像反転の分析に対して、デカルト座標を用いた幾何学的な一般化を行ったのと同じような仕方で「ウエシタヒダリミギ」に基づく鏡像反転の分析をもっと幾何学的に一般化することはできないだろうか、ということを考えてみる必要があるでしょう。

うー、考えれば考えるほどいろんなことが気になってくる。いったいこの先答えが本当に見つかるのだろうか？　だんだん自信がなくなってきた。とにかくもう今日はこれ以上無理だ。このあたりで切り上げることにしよう。明日の授業の準備もしなければいけないし……。

6　鏡の中の世界は二次元？　三次元？

頭の中が鏡のことでいっぱいだったので、授業でも鏡の問題を取り上げることにしました。手始めに、学生たちに次の質問をしてみました。*(12)

〈鏡の中の世界（鏡像）は二次元（平面的）か三次元（立体的）か？〉

その結果は、次のとおりでした。

〈二次元：61人、三次元：36人、その他：7人〉

もっとも驚くべきことは、鏡を見るという、誰もが幾度となく繰り返しているはずのありふれた日常的作業に関して、こんなにもはっきりとした認識の差が現れるということです。多くの学生は、どちらの回答をしたかにかかわりなく、ほとんど迷うことなく自分の答えを正解と思って提示したようでした。にもかかわらずその答えはほぼ2対1という十分に意味のある比率で二つの陣営に分かれました。(13) つまり、各々にとっては当たり前だと思っていたことが実は全然当たり前ではなかったのです。

次に驚くべきは、間違っている人の方が多い、ということです。この問いには正解があります。三次元です。二次元と答える人は、鏡像を、写真とか遠近法による絵画、あるいはテレビ映像のようなものだと考えているようです。しかし、鏡像とそれらの二次元的な像との間にはいくつかの決定的な相違があります。

たとえば、私はど近眼です。メガネを外して遠くから絵画を見たとき、ほとんどその細部を認識できません。したがって、遠近法の絵画の中の遠景部分は小さく描かれているので、ほとんど判別できません。しかし、どれだけ小さくても、絵画にぴったり張り付けば近視の焦点が合って、非常にはっきり見えます。しかし鏡像の場合はそんなことはありません。鏡に近づいたぶん、わずかにはより鮮明に見えているのでしょうが、ど近眼にとってはたいした差はなく、遠景に当たる部分は相変わらずほとんど判別できません。つまり、鏡像には正真正銘の奥行きがあるのです。このように、近視の人間にとって絵画と鏡像の差は歴然たるものです。目が悪くて得したことはほとんどないけれど、哲学するという営みにとってはひょっとしたらこうしたハンディキャップが有利に働くことがあるのかもしれません（この問いが哲学的問いだとしたらの話ですが）。

また、鏡面にゴミがついていたときのことを考えてみましょう。もしも写真や絵画の表面にゴミがついていれば、そのゴミは、写真や絵画に密着した形で見えています。場合によっては絵の一部として見えてしまうこともあるでしょう。これに対して鏡面にゴミがついていた場合は、鏡像とゴミは離れて見えるはずです。それはちょうど、ゴミのついたガラス越しに向こうの風景を見ているときとまったく同じ見え方なのです[14]。

要するに、私たちが鏡を見ているとき、実は鏡の表面を見ているわけではないということです。実際に見ているのは立体的な実物であって、ただ、鏡面を経由して見る、あるいは、鏡面での光の反射を利用して見るという、ふだんとは異なった見方をしているだけなのです。それはちょうど、メガネをかけて世界を見ているとき、メガネを経由して、あるいはメガネレンズでの光の屈折を利用して、実物を見ているのとまったく同様です。そしてその場合には、「メガネを見ている」「レンズの表面を見ている」とは誰も言わないでしょう。

光の反射を経由して物を見る場合は、屈折を経由する場合と違って、結果的に本来は見えないはずの自分の背後にある物や自分自身を見ることになるため、見ている実物よりもむしろ、通常どおり自分の目の前にある対象としての「鏡」を見ているような気になってしまうのでしょう。その結果「鏡を見る」という言い方をすることになるのだけれど、実のところは、目の背後にあるため通常は見えないはずのものを、自分の前方にある鏡の方向に見ている、ということでしかないのです。だいたいこのような話をしたら、学生たちはいちおう納得してくれたようでした。(15) ただ、いくつかの質問がありました。

Aさん「でも先生、鏡像は左右が反転しているから、やっぱり実物とは言えないんじゃないですか?」

私「ふうむ、でもそれはちょうど、サングラスをかければ世界がいつもより暗く見え、虫眼鏡を使えば物体がいつもより大きく見える、ということとたいして変わりはないんじゃないかなあ。それに実際、スプーンの底のような形をした鏡とか、合わせ鏡の場合には、左右が反転しないでしょ。

だから、左右の反転を理由としてそれが実物でないというならば、たまたま偶数枚合わせ鏡を追加して見た像は実物ではなく、奇数枚の追加や曲面鏡の場合は実物だということになってしまいますよね。そんな考え方をするよりも、サングラス、虫眼鏡、鏡などのどれを用いている場合でも、見えているのは実物なんだけど、その実物は条件次第で色々な見え方をするのだ、と考えた方がはるかに自然で合理的なんじゃないかなあ」。

Bさん「鏡の中には入れないし、鏡像には触れません。やっぱり鏡の中の世界は現実世界とは別の世界だし、鏡像は実物ではないと考えるべきじゃありませんか？」

私「うん、その気持ちはよくわかるけど、実はその反論は、いわゆる『論点先取の誤謬』を犯していると思うんだ。だって、ではなぜ鏡の中に入れないのか、なぜ鏡像には触れないのか、と問われれば、それは鏡の中の世界や鏡像が現実世界や実物ではないから、と答えることになっちゃうと思うんですよね。だとしたら、鏡の中の世界に入れないことや鏡像に触れないことを、鏡の中の世界や鏡像が現実や実物ではないことの理由として挙げることは循環を含んでしまうから、許されないですよね。

実際、私たちは鏡の中の世界に実はすでに入っているんじゃない？　だって鏡が映しているのはこの現実の世界なんだもん。それに、鏡像に触ろうと思えば簡単に触れますよ。自分の頭に触れれば、その鏡像にも触っていることになるから*(16)」。

Bさん「でも、そう答えると先生も逆の立場で論点先取を犯していることになりませんか？それから、鏡の中の世界が現実ではない理由として、それが見えている場所には実際には別の物がある、ということを挙げられるんじゃないでしょうか」。

私「いや、鏡の中の世界が現実であり、鏡像が実物であることについては、メガネやガラスを通して物を見ている場合との類比による独立の理由がちゃんとあるので、論点先取にはならないと思いますね。今Bさんが挙げた、実際にはない場所に鏡像が見えているという問題についても、やっぱり同じように類比が作れます。そのためには、虫眼鏡とか望遠鏡で物を見ている場合を考えればいいんです。その場合も、実際よりも近くに物が見えるから、それが見えている場所には実際には異なる物があると言えますよね。でも、その場合、現実世界とは別の世界を見ているとは考えないでしょ」。

学生たちとこんなやりとりをしていたら、授業の終了時間が近づいてしまいました。それで、今日扱ったような議論は、大森荘蔵という人の『新視覚新論』(奇妙なタイトルだけど、これはバークリーという近世のアイルランド出身の哲学者に『視覚新論』という著作があり、それのさらなる現代版という想いを込めて付けられたものです) の第五章「鏡像論」に書かれている、ということを紹介し、来週は鏡像反転の問題を扱うよ、と予告して授業を終えました。[17]

7　デカルト座標と回転座標

というわけで、鏡像反転の謎についてもっと見通しを得ないことには来週の授業ができないぞ（実際には、こういう状態で授業を行うことが多いんだけど）。がんばって先に進むことにしよう。

鏡は上下も左右も反転させると言ったときにブロックが考えていたのは、もしも「ウエシタ」方向を固定して回転させれば「ヒダリミギ」方向が反転し、逆に「ヒダリミギ」を固定して回転させれば「ウエシタ」が反転する、ということでした。ということは、「回転」あるいは、その回転をもたらす「回転軸」こそが、この方向付けの中心的概念だと考えられるのではないでしょうか。また、この方向付けの出発点として、先に物体の底面方向と前面方向を定めるという手続きを取っていました。このあたりに、「ウエシタヒダリミギ」という方向付けの意味づけや幾何学的一般化のための鍵があるのではないでしょうか。

そこで、今ある方向へ向かっている一本の回転軸を考えましょう。その方向を「ジク」方向と名付けましょう。また、その軸からは、やはり方向をもった一本の針状のセンサーが垂直方向に突

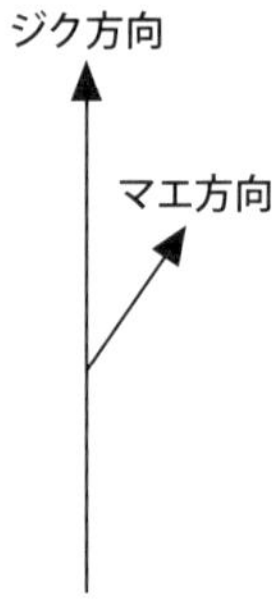

図12　ジク方向とマエ方向

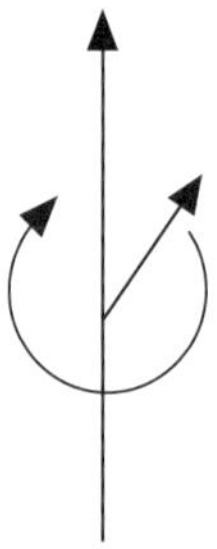

図13　ミギ回り

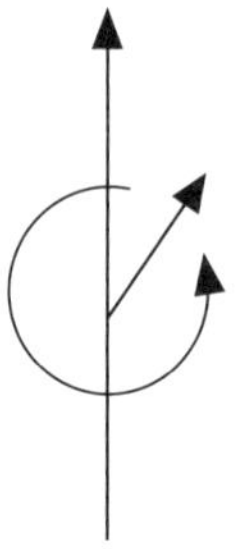

図14　ヒダリ回り

き出ているとしましょう。その方向を「マエ」方向と名付けましょう。すると図12のような物ができます。さて、すると当然、この回転軸の回転方向は二つあります。図13のような回転と図14のような回転です。前者を「ミギ回り」、後者を「ヒダリ回り」と名付けましょう。

そして、このような回転軸を用いると鏡像反転は次のように説明できます。今、ある物体を貫通するようなセンサー付きの回転軸を想定し、それをヒダリ回りに回転させます。すると、センサーが物体を輪切りにする形になります。ここで、このセンサーがちょうどCTスキャナーのセンサーのようなもので、物体の各断面の形状を回転によって記録しながら回転軸上を少しずつジク方向へと移動していくと想像しましょう（図15）。

すると、その物体の鏡像とは、物体と鏡像の位置関係を度外視すれば、回転軸を最初とは反対の向き（ミギ回り）に回転させながら、物体の各断面の形状が記録されたセンサーを同じようにジク方向へ移動させることによって物体を再現したものに

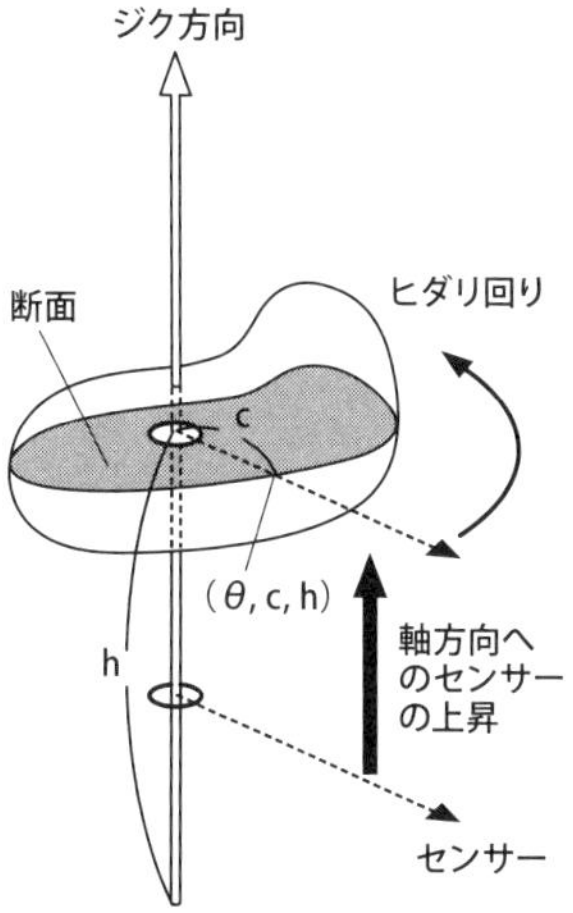

図15　回転軸と物体

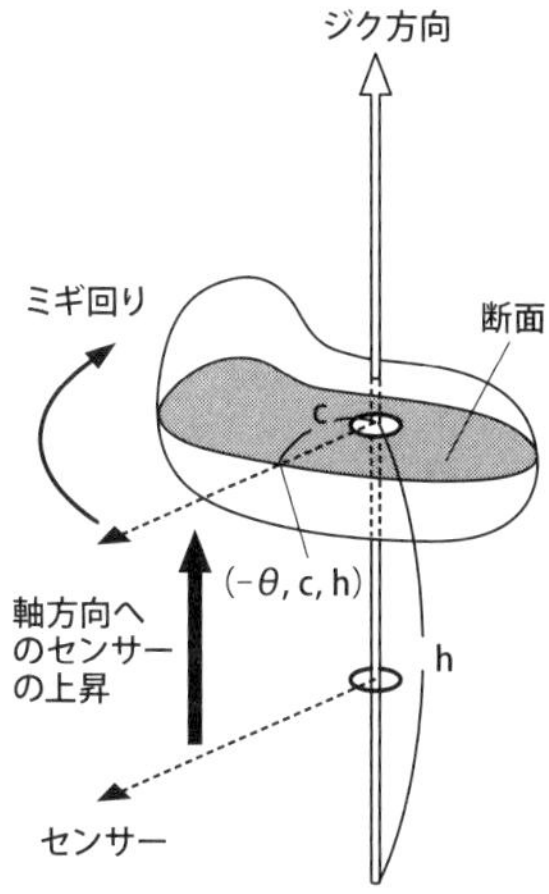

図16　回転軸と鏡像

相当します（図16）。つまり、実物のヒダリ回り方向に沿った物体各部の配置が、鏡像においてはミギ回り方向に沿った配置へと転換されるのです。

　このことを幾何学的に考えてみると、次のように空間座標を表現できます。今、センサー付きの回転軸の方向（ジク方向）をz軸だと考えることにしましょう。そして、そのz軸と原点で垂直に交わり、最初の時点でのセンサーの方向（マエ方向）を向いている軸を「0軸」と呼ぶことにしましょう。その上で、対象の表面上のある点の座標値を次のように定めます。

　まず、当該の点からz軸におろした垂線と、その垂線とz軸の交点から0軸に平行に正方向に向かう直線との間にできる角度をxで表すことにしましょう。ただし、その直線から今おろした垂線へと向かう回転方向がヒダリ回りである場合には

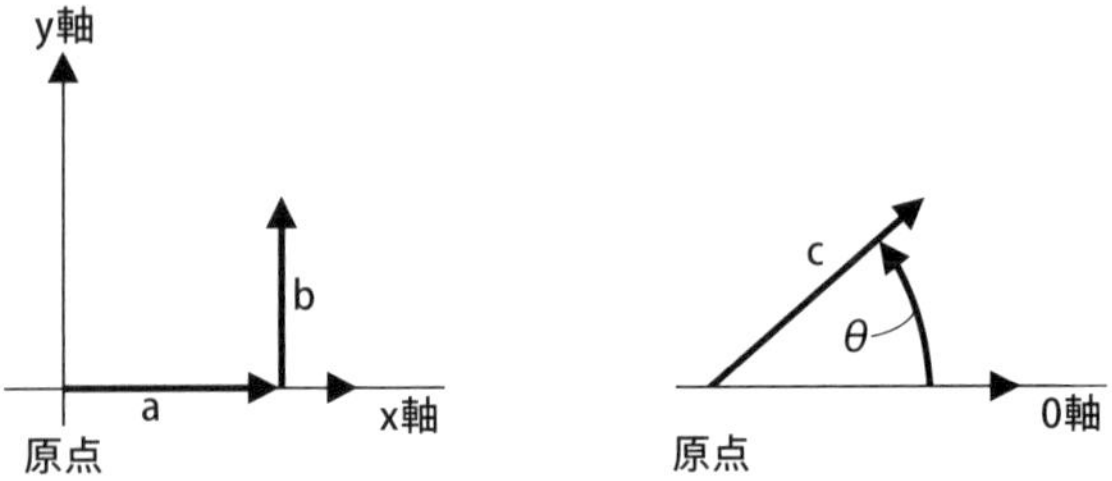

図17　デカルト座標軸と回転座標

正の値、ミギ回りである場合は負の値であると取り決めることにします。さらに、yの値として、通常のデカルト座標の場合のようにその点とxz平面との距離ではなく、その点とz軸との距離を充てることにします。つまり先ほどの垂線の長さがyの値となるわけです。すると、空間上の任意の点は、座標（x,y,z）として一意的に規定できることになります。このような空間座標を、「回転座標」と呼ぶことにしましょう[18]。

回転軸としてのz軸を真上から眺めた図、つまり、デカルト座標でいうとxy平面の図で両者を比較してみると、デカルト座標上の点（a,b）の座標は、まずx軸の正の方向に沿ってa進んだ後に直角にy軸の正の方向へと曲がり、b進んだ結果到達する点として規定されるのに対し、回転座標上の点（θ,c）では、まず0軸を基準としてθ度回転した後に、z軸とその点との距離であるcだけ進んだ結果到達する点として規定されることになります（図17）。

そして、この回転座標を用いて鏡像反転を表現すると、次のよ

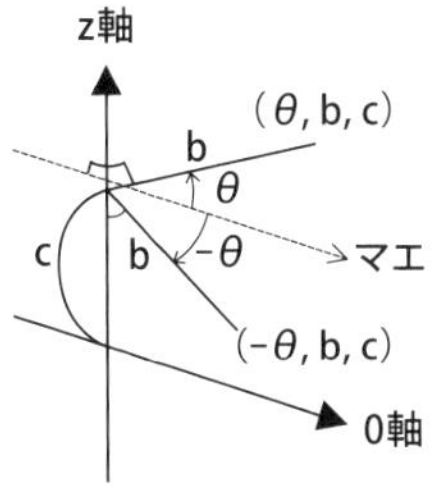

図18　鏡像反転と回転座標

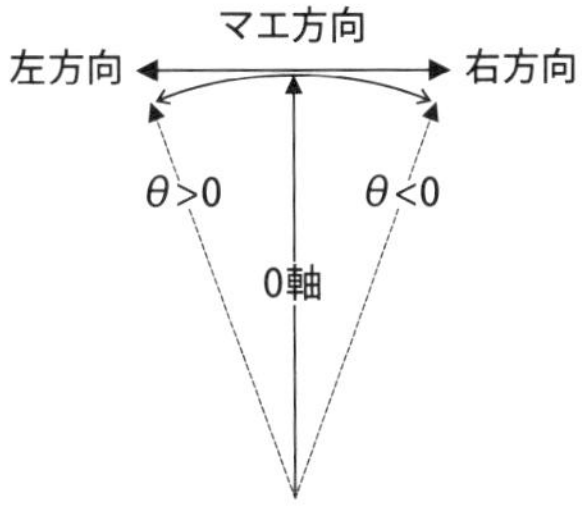

図19　回転と左右

うに言えます。当該の物体に対してそれを貫通する回転軸としてのz軸、そのマエ方向としての0軸、および原点を定めてやった上で、その物体の表面上の任意の点の座標を（θ,b,c）と表すと、その対象と鏡像との実際の位置関係を度外視すれば、その点に対応する鏡像上の点は、（-θ,b,c）として表すことができます。回転座標を用いた場合は、鏡像反転は、物体の前方向から物体上の点までの回転角度を表す値θの符号を逆転させる現象だと考えられるのです（図18）。そして物体の左右方向とは、そのマエ方向から正回転を行ったときに最初に向かっていく方向が左方向で、逆に負回転を行ったときに向かっていく方向が右方向だ、という形で規定することができます（図19）。

このように考えてみると、ガードナーが示したような前後反転に基づく鏡像反転の分析は、鏡、物体、鏡像の位置関係を固定した上で、鏡面を中心とした三者の位置関係を捉える見方であるのに対し、回転軸に基づく鏡像反転の分析は、鏡に対する物体と鏡像の実際の位置関係は無視して、当の物体と鏡像の向き、すなわち両者のジク方向とマエ方向とを想像上で一致させた上で両者を比較する見方だといえそうです。つまり鏡を中心とした見方と物体を中心とした見方の相違だといえます。前者によれば、鏡は鏡面の前後方向を反転させ、後者によれば、鏡は物体の左右方向を反転させるということになります。

この両者の相違がはっきり現れるのは、鏡の前後方向と物体の前後方向が異なっているときです。身体の例でいえば、わかりやすいのは、鏡に肩を向けて横向きになっているときと、鏡の上に立っているときです。前者の場合について、ガードナーは「この場合は厳密な意味で左右を反転させる」と自分自身の主張と矛盾するようなことを述べていましたが、実はその場合には彼も、回転に基づく反転つまり物体中心の反転の見方を混入させていたのです。また、鏡の上に立っているときに、「天地」「頭足」どちらの意味においても「上下」方向が反転しているというのは、鏡面を基準とした見方に基づいたときであり、私が頭を振れば鏡像も頭を振り、足を揺らせば鏡像も足を揺らすので「頭足」方向としての「上下」は反転していない、というのは、物体を基準とした見方を採用したときだ、という形で整理できるでしょう。

そしてこのどちらの見方に対してもデカルト座標、回転座標による幾何学的一般化が可能なので、幾何学的厳密さという点では両者の間に差はありません。私たちは幾何学的に空間を考えるというとき、それはデカルト座標に即した形で空間を分析することだと考えがちです。ガードナーが前後反転のみが幾何学的に正しい見方だと主張した理由はそこにあるし、ブロックにしても、あくまでもデカルト座標に即して左右反転を分析したために、「頭足心肝」と「ウエシタヒダリミギ」という方向付けの相違の本質が、平面を基準とした位置規定と回転軸を基準とした位置規定との相違にあることを十分には見抜けず、結局「解剖学的構造への言及の有無」という偶然的な要因にしか言及できなかったと考えられます。

デカルトは近現代思想の原型を作ったといわれていますが、その影響力の大きさは、こんな形でも姿を現しているということでしょうか。ただし、デカルト座標を回転座標と比べた場合、幾何学的分析においてたしかに有利な面を持っていることは否めません。回転座標の場合には、座標軸そのものに非対称性があります。回転軸となる座標軸が特権的な役割を担っているし、また、三つの座標値のうち二つは直線上の位置を表すのに対して一つは角の大きさを表しているからであるためです。さらに、直線による二つの座標値のうちの一つは0、または正の値のみを表していますし、角度の値が360度増減するごとに同じ座標値を表すという変則性もあります（したがって、デカルト座標値と回転座標値との間には一対多の対応関係があります）。これに対し、デカルト座標では、各座標値がいずれも正負両方向に無限の長さを持つ直線上の位置を表すため、同等の資格を持っています。その結果、幾何学的性質についての一般化や、抽象化・代数化が容易になると考えられます(19)。

しかし逆に言えば、私たちの日常的空間認識においては、デカルト座標よりもむしろ回転座標の方が用いられる、ということが言えるのではないでしょうか。実際、私たちは一般に鏡像に関して前後が反転するとは考えず、左右が反転すると考えるということが、一つの証拠となっています。

考えてみれば、たとえば飢えているとき、自分の正面に1メートル進み、そこで垂直に曲がって1・7メートル進んだところに食べ物がある、などと考えるはずはなく、60度右方向に2メートル進んだところに食べ物があると考えるのが、生物として当然なのです。デカルト座標で考えるような生物だったらとっくに自然淘汰されていたでしょう。

また、ブロックは、回転に基づく方向付けを、身体の解剖学的特徴に言及しない方向付けとして特徴づけていましたが、実は決してそんなことはなく、私たちの「背骨」こそが空間認識における回転軸となっていると考えられるでしょう。回転座標は、生物としての人間をとりまく環境空間の構造を切り出している幾何学的基準だとも言えるでしょう。

まとめて言えば、私たちは決して鏡像を「デカルト座標的に」あるいは「物理学的に」「宇宙論的に」見ていません。「回転座標的に」あるいは「生物学的に」「環境論的に」見ているのです。

8　鏡はやっぱり左右だけ反転させる

ここまで来てようやく、鏡像反転という現象には次の二つの見方がある、という形でとりあえずまとめられそうです。

（a）回転軸を基準とした反転関係にあるものとして、物体とその鏡像を捉える見方
（b）平面を基準とした面対称の関係にあるものとして、物体とその鏡像を捉える見方

現実の私たちの鏡像反転の捉え方に即していえば、前者の場合の回転軸の位置と向きは物体の位置と形状に依存した形で決められるため、鏡面に対する物体と鏡像の実際の位置関係を必ずしも保存しない見方となるのに対し、後者の場合の基準面としては鏡面が採用されるため、結果として鏡面に対する物体と鏡像の位置関係を保存した見方となりますが、純粋に数学的に考えた場合は、実は位置関係を保存した前者の見方も位置関係を保存しない後者の見方も、ともにあり得ます。

回転軸に基づく見方を紹介するときに、物体を貫通するものとして回転軸を設定しましたが、実は、物体と鏡像との位置関係にこだわらなければ、回転軸の位置と方向はまったく任意です。つまり、回転軸が上下方向である必要はないし、また、物体から離れていてもかまいません。これと同様に、面対称に基づいて物体と鏡像を捉える場合についても、両者の位置関係にこだわらなければ、その面対称の基準となる面は、任意の位置と方向に設定できます。

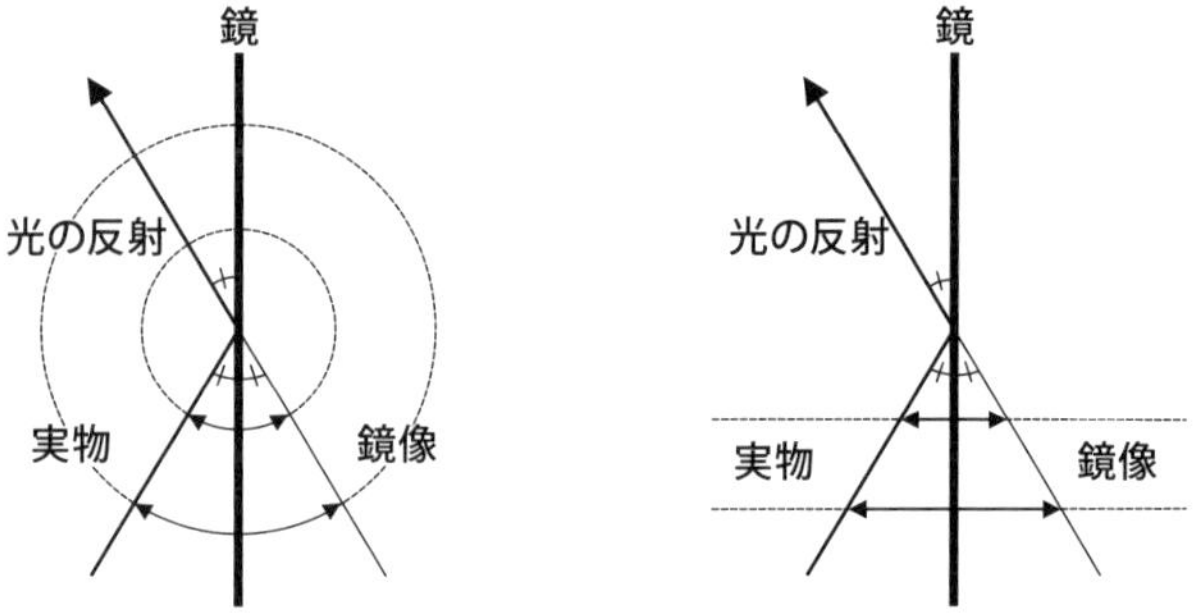

図20　鏡像関係における反回転と面対称

一方、回転軸が鏡面上になければならない、という条件さえ設定すれば、物体と鏡像の位置関係を保存した上で回転軸に基づいた鏡像反転の見方を採用することになります。重要なのは、この場合も、鏡面上にありさえすれば、回転軸の位置と方向は任意だということです。

そして、鏡像反転とは平面鏡に当たる光の入射角と反射角の大きさが同じであるという性質によってもたらされる現象であるということに基づいて、実際にそのような反転が起きるということを、両者のいずれに即した形でも簡単に確認できます(図20)。

以上の点を踏まえて、まとめ直してみましょう。

(1a) 鏡像反転とは、光の入射角と反射角が等しいことによってもたらされる、回転を反転させる現象である。すなわち、右回りを左回りへ、左回りを右回りへと反転させるという幾何学的に厳密な意味で、鏡は実際に左右を反転させる。

(1b) ただし、鏡像反転は、ある面を基準としてその前後を対称的に入れ替える現象として見ることもできる。その場合は、回転に由来する本来の意味での左右の概念は鏡像反転に関与しない。

(2a) また、対象、鏡、鏡像の位置関係を考慮に入れる場合は、その際の回転における回転軸と回転角度の基準としての0軸とは鏡面内になければならないが、回転軸の鏡面内での方向と位置は任意である。すなわち、鏡に平行な各方向によって異質の現象が生ずるという、物理現象としての非対称性はない。また、位置関係を考慮しない場合は、回転軸と0軸の方向だけでなく位置も任意である。

(2b) 対象、鏡、鏡像の位置関係を考慮に入れて面対称性による鏡像反転の捉え方をする場合は、基準となる対称面は鏡面の上になければならない。位置関係を考慮しない場合は、対称面の方向だけでなく位置も任意である。

では、このようにまとめた上で、回転軸に基づく鏡像の見方だけに基づいて、上下（頭足）方向は反転しないが左右は反転するという鏡像反転の謎を分析すると、どのようなことになるのでしょうか。

まず、回転軸とは鏡像反転のための基準となる直線ですが、それは言い換えれば、そのような形でもたらされる反転に際して、回転軸上の点だけは移動が起こらないということです。反転の際のいわゆる「不動点」の集合として回転軸を捉えることができるのです。また、回転軸上にない点についても、回転座標値として表したときのzの値つまり回転軸方向に沿った値だけは変化しません。その結果、回転軸に沿った方向は、実際に反転しません。したがって、その意味では方向による非対称性が生じていることになります。

しかし、それは物理現象としての非対称性ではなく、回転軸という一つの特権的な方向を含んだ形で物体を見ているという、私たちのものの見方自体が含む非対称性の結果です。私たちが鏡像反転を謎めいて感じてしまう一つの要因は、そういった非対称的な見方を採用していることを自覚していないところにあると言えるでしょう。この点を敷衍して言えば、私たちは、左右という概念をしょっちゅう使っていながらその本質が回転にあるということを自覚していないのだとも言えます。いわば私たちは、「左右」という概念の故郷を忘れてしまっているのです。

さらに、回転軸の方向は任意であるにもかかわらず、私たちは自然にいつもその方向を物体の頭足方向に設定してしまいます（回転角度の基準としての0軸の方向も任意なのですが、これもその物体の形状に即して、通常正面方向とされている方向に自然に設定されます）。そして自分自身が常にその都度ごとに物体の頭足方向に回転軸を設定しているのだということを自覚していないため、いかなる場合にも頭足方向だけが反転しないように錯覚してしまいます。これが鏡像反転の謎をもたらすもう一つの要因でしょう。

つまり、鏡像反転の謎とは、自分が鏡像を見るときに自然に行っていることを二重の意味で自覚していないことの帰結だったと言えるでしょう。これは落ち度といえば落ち度であるかもしれないけれど、鏡像反転の謎は、少なくともガードナーが考えたように日常語への囚われによる混乱の結果ではないし、ブロックが考えたように方向基準の不合理な組み合わせ方をした結果でもない、ということは確認する価値があるでしょう。私たちはいわば「堂々と」、鏡は（上下は反転させないで）左右だけ反転させると言って良いのです。ただし、反転するのが左右「だけ」になるのは回転に由来する左右の概念からの必然的帰結であること、そしてその左右の基準となる回転軸の方向（上下方向）は実は自分自身が設定していること、この二つを自覚した上でなら、という条件付きではありますが。

9　回転軸の謎

鏡像反転の謎を以上のようにまとめてみると、次に考えるべきは、次の二つの問いに対する答えであることになるでしょう。

（1）そもそもなぜ私たちは鏡像を見るとき回転軸を想定し、回転を媒介として物体と鏡像を比較するのか。

（2）その回転軸を想定するとき、なぜ「頭足」方向だけを特権視してしまうのか。

第一の問いについて考えるにあたって確認しておくべきことは、特に物体と鏡像の位置関係を考慮に入れて比較する場合、ガードナーのように平面を媒介として反転を捉えることは、鏡像反転に対する「不自然な」見方だとは必ずしも言えないということです。それは、鏡像反転の二次元版である文字の反転に着目するとよくわかります。文字反転の一つの捉え方は、文字が透明な板に書かれてあったと想定したときに、それを裏側から見た図形がその鏡像であると考えることです。あるいは、印鑑の彫り模様とその押印との関係だとも言えます。つまり、その場合は、回転ではなく「裏から見る」「裏返す」という作業によって物体と鏡像とを関係付けることができるのです。

ところがこの説明には弱点があります。その説明は二次元図形の鏡像には通用しても三次元図形の鏡像には通用しないということです。つまり、三次元の物体を「裏側」から見るということ、いわば物体を「裏返す」ということは想像しにくいからです（もちろん、この場合の「裏側」とは

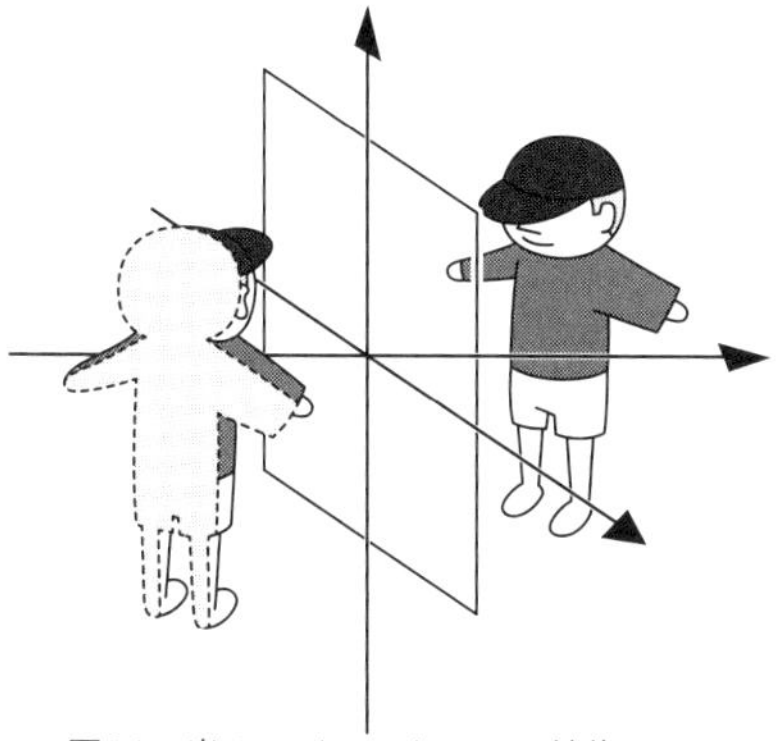

図21　半ぬいぐるみとしての鏡像

「後ろ側」の意味ではありません。物体を後ろ側から見てもそれは実物の鏡像とはなりません）。かろうじて対応づけられるのは、右手袋を裏返すと左手袋になるということくらいですが、これは、手袋が半ば二次元的な性格を持っていることに依存しています。

しかし実は、これに対応する三次元の物体の鏡像反転の説明の仕方が一つ考えられます。それは、鏡の中のぬいぐるみに入っていくという例に則した次のような見方です。

まず、鏡に映っているのは物体の表面だけ、しかもそのうち、鏡面に向かっている側の表面だけであることに注目しましょう。すると鏡像とは、ぬいぐるみの前面（より正確には、鏡に向かっている面）だけから成るもの（これを「半ぬいぐるみ」と名付けましょう）、いわばお面を身体の前面全体に拡大したようなものと考えられます。ここで、その半ぬいぐるみが非常に柔らかい透明な薄い樹脂でできており、その表面に、実物と同じ色、形（左右は反転しているけれど）が描かれたものだと想像しましょう。

すると鏡像とは、実物の表面のうち鏡に向かっている半面とまったく同じ形で同じ位置にある半ぬいぐるみを、出っ張っている部分を押し込むことによって裏返し、そして鏡面に対して対称な位置に移したものだと考えられます（前頁図21）。

そしてこのように考えたとき、ガードナーの説明が非常によく当てはまります。つまりそれは実際に、回転を媒介としないで、鏡面を媒介とした前後軸の反転となっているのです。これに対して、物体と鏡像の位置関係を固定したまま、鏡面上の回転軸を基準とした回転によって物体上の各点とその鏡像上の各点とを対応づける見方に対しては、それに対応する直観的な作業を想像しにくいでしょう。

しかし他方、物体と鏡像の位置関係を考慮しないで両者を比較する場合を考えたときは、事情が一変します。その場合は、単独の物体として見られたときの頭足方向や左右方向が問題になるので、鏡に面している側面だけを捉えて、先ほどの半ぬいぐるみのような疑似二次元的な形で実物と鏡像との対応関係を付けることにはどうしてもなりません。その側面は、鏡との位置関係を考慮したときに初めて注目されることになる部分でしかないからです。

その結果、純粋に三次元的な見方のもとで物体とその鏡像とが比較されるのですが、その場合は、物体として見られた鏡像をくるりと回転させて実物と並べて比較するという作業が想像上で行われることになります。そして、その回転の方向つまり回転軸に垂直な方向に沿った表面配置が反転していることに気づかされるのです。私たちが平面よりも回転を媒介とした鏡像の見方をしていること、すなわち、前後ではなく左右が反転するという形で鏡像を認識していることは、物体と鏡像の位置関係を固定した静的かつ二次元的な見方よりも、それを固定しない動的かつ三次元的な見方を優位に行っていることを示していると考えてよいでしょう。

そして、私たちが鏡像をそのように動的かつ三次元的に見てしまう理由は明白です。それは、鏡像に限らず、私たちは通常の物体を見るときも、実際にそのような見方を採用しているということです。つまりその場合も、私たちに見えているのは私たちの眼に向かっている部分の表面だけであり、視覚だけからは、その裏側の部分が実際に存在するという保証はありません。しかしほとんどの場合、実際にそれは存在します。またそのことは触ってみたり動いてみたりすることによって確認できます。したがって通常私たちは、それが厚みをもった物体であることを疑わず、自然にその裏側を補っています。鏡像を見る場合も結局、それと同じ見方を自然に採用してしまうのです。

その結果私たちは、想像上で物体を回転させて向きを一致させるという作業を媒介させて鏡像を捉えることになります。これは、私たちがたとえ静止した物体の鏡像を見る場合でも、物体を回転させたり、実物を鏡像の位置に移動させたりという想像上の「運動」や「関係」を媒介として鏡像を見ているということです。いわば私たちは、「運動の相のもとに」あるいは運動という一つの「可能的な相のもとに」鏡像を捉えているのです。さらに、実物（およびその鏡像）が運動した場合の観察や想像も、私たちが鏡像の裏側を補ってしまう一つの要因として挙げられるでしょう。

そしてこのことは、鏡像だけにとどまりません。左右という概念が本来的に回転を源泉とするものであり、通常私たちは左右の概念をもって物体を捉えているのだとしたら、私たちは通常の物体をも同様に、たとえそれが静止していたとしても、回転を中心とする運動がもたらす可能的な場の中で認識していると見るべきでしょう。

では第二の問いに移りましょう。それは、「その回転軸を想定するとき、なぜ「頭足」方向だけを特権視してしまうのか」という問いでした。私たちはなぜ回転軸を物体の頭足方向に設定しがちなのでしょうか。

このことについて考えるヒントになるのが、冒頭に挙げた、鏡像を自分のぬいぐるみと見立ててその中に入っていくことを想像した場合です。その際、私たちが実際に回転して鏡像に向きを合わせることを考えた場合、可能性としてはとりあえず垂直方向の回転（回転軸は水平方向）と水平方向の回転（回転軸は天地方向）が考えられます（原則的には、それ以外の斜め回転など、無限に選択肢があります）が、当然、大半の人が後者を選ぶでしょう。その理由は明白です。そちらの方が楽だからです。つまり、垂直方向に回転するためにはいったん逆立ちして両手によって全身を支えるという過程を経なければならないけれど、これには力と技術を要するのです。

とすれば、頭足方向へ回転軸を設定する第一の要因は重力にあるといえるでしょう。つまり、私たち自身の身体を含めて、物体の向きを反転させようとするとき、圧倒的多くの場合、それを水平方向に回転させます。その最大の理由は、そちらの方が垂直回転に比べて重力に抵抗する度合いがはるかに少ないからでしょう。そしてそもそも、方向を持った回転軸という概念図式の源泉的モデル自体が、通常の直立姿勢をしている場合の頭から足へと一方向的に向かう重力（およびその中で直立する人間の身体）にあると考えてよいでしょう。

そして、そのように通常の場合の天地方向である頭足方向に沿って回転軸を設定するという、重力に支配された物体の見方があまりに根強いため、その物体が倒れていたりして頭足方向が天地方向にないとしても、習慣によって通常と同じような物体の見方を採用してしまうと考えられます。つまり、重力の中での日々の認識の営みによって形成される習慣が、頭足方向への回転軸の設定のもう一つの要因となっているのです。

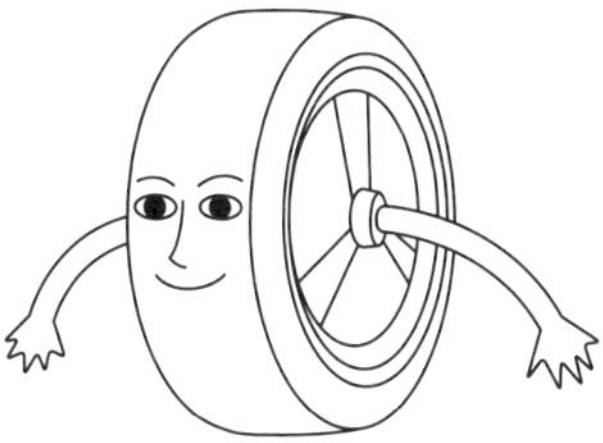
図22　タイヤ人間

ただし、頭足方向の優位性を説明する要因を重力だけに限定するのも行き過ぎでしょう。というのも、物体の形状によってはむしろ垂直回転の方が楽な場合もあるからです。たとえば、車輪が典型的です。したがって仮に私たちの身体が前頁図22のような形をしており、移動する手段として歩行ではなく前後転を利用しているとしたら、おそらくぬいぐるみの中に入っていく際の回転として選ばれたものは垂直回転（回転軸は水平方向）だったでしょう。[20] そしてそのような身体を持つ者にとっては天地を逆さまに見ることは日常茶飯事でしょうから、鏡を見たとき、反転しているのは天地方向であると考えるかもしれません。

とすれば、やはり私たちが移動手段として直立歩行という方法を採用しているということも見逃せない要因だといえるでしょう。また、私たちが使用する物はほとんどの場合、上下を逆さまにしてしまったら使い物にならないということも、もう一つの要因だと思われます。そしてそれらが使い物にならない主な理由は、おそらくそれらが重力の方向を前提として作られていることにあるでしょう。その意味では、これも重力に起因する要因だと考えてよいけれど、この場合は重力への抵抗の度合というような物理的な要因ではなく、我々の慣習、常識、目的といった、より社会的、人間的な色合いが強い、生活上の要因であるということは確認しておくべきでしょう。

ガードナーが着目していた、私たちの身体の左右の対称性についてはどうでしょうか。私は、少なくとも今述べた重力に起因するいくつかの要因に比べれば、比重はそんなに大きくないように思います。まず第一に、回転軸は頭足方向でありさえすれば必ずしも対称面に含まれている必要はありません。また、先にも述べたように、頭足方向への回転軸設定は何も人体の鏡像だけにとどまりません。文字や卓上蛍光灯などの左右の対称性をもたない対象を横に寝せて鏡に映した場合もやはり、それらの頭足方向に当たる方向、すなわち水平方向に回転軸を設定して反転を捉えるでしょう（図23）。

以上のように考えてみると、やはり頭足方向への回転軸設定の主要因は、左右の対称性という表層的な幾何学的特徴を捉える認識的な営みにではなく、むしろ、日々重力の中で生きているという私たちの根源的な身体感覚、ならびに、重力を少なからぬ要因として形成される私たちの習慣に求めるべきではないでしょうか。いわば、重力による圧倒的な支配下で生きていることに由来するある種の必然性が、私たちの空間認識の端々まで染み渡っているのです。

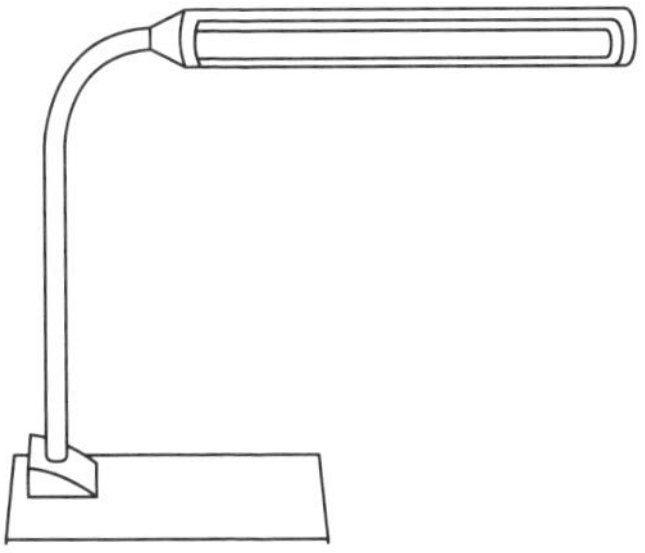

図23　卓上蛍光灯

さて、以上をまとめれば、鏡像反転の謎の中に見えてきたのは、静止した光源点の集積をあえて運動の可能性をもった物体として捉え、そのような物体から成る環境世界の中で、重力に逆らいつつ直立歩行し、辺りを見回し、習慣にしたがって様々な解釈を行いながら「前向きに」「生きて」いる、私たち人間の姿だったということになります。いわば鏡はその謎によって、きわめて「地上的な」私たち人間の「存在のかたち」を照らし

出してくれていたのです。(21)

私たちが重力の中で生きているという、あまりにも当たり前すぎて意識さえしない事実が、鏡を見るというごく些細な日常的認識までをも強く支配していることを示すことによって、むしろ意識されないものの中にこそ大きな力があることを、鏡は教えてくれたとも言えるでしょう。

そしておそらく、意識されないほど絶対的な前提となってしまっているようなものに意図的に目を注ぐことが、人間にはときに必要なのです。ふだん意識されないだけに、何か問題が起きていることに気づいたときにはもはや手遅れ、ということが起きかねないからです。特に、そういったふだんは意識されないものを意識させるほどの問題とはきわめて重大なものであることが多いので、なおさらです。ひょっとしたら、地球温暖化、自然破壊などの環境問題は、空気や自然という生のための絶対条件を人間が疎かにしてしまったことの帰結かもしれません。もっと身近なレベルで言えば、長くつきあった恋人や長年連れ添った伴侶から突然別れを告げられた後の後悔、「親孝行したいときには親はなし」という格言などもそれに近い教訓を含んでいるでしょう……。

こう考えてみると、やっぱり鏡って偉いなあ。妻になんと思われようともこれからも鏡に語りかけることにしよう(弁解としてはちょっと強引かな)。来週の授業も何とか大丈夫そうだ……。

そんなことを思っているうちに、私はまたまた眠くなってしまいました。延々と鏡について考え続けて疲れてしまったのでしょう。眠りの中で、もちろん私はノボル君の夢を見ました。

ノボルくんはもう泣いていませんでした。ノボルくんは私に言いました。

「両親のどちらかしか愛してくれないように思えるのは、自分がお母さんを見ているときはお父さんが見えず、逆に、お父さんを見ているときはお母さんが見えないからにすぎないんだ。あのとき僕にはお父さんが見えていなかったんだ」。

ノボルくんはそう言ったあと、楽しそうにくるくる回りながら走っていきました。(22)

ちょっと難しいけれど、もっと哲学的だと言えるエピローグ1

カントの空間論

そもそも空間とは何なのでしょうか。何も物体がなくても空間は存在するのでしょうか。それとも物体があって初めて空間も存在すると言えるのでしょうか。たしかに、私たちは物体が存在する世界をすでに生きてしまっているので、物体をそこからすべて取り除いたとしても世界が残るような気はします。しかし本当に最初から最後まで物体（または少なくとも、何らかの物理的作用の場のようなもの）が一つもなかったとして、なおかつ世界が存在したと言えるでしょうか？

カントという近世ドイツの有名な哲学者は、右手と左手が存在するということに基づいて、物体に先立って空間が存在することを証明できると考えました（その後、彼はまた別の考え方をするようになったのですが）。その証明は、次のようにまとめられます（この後の部分は、参考文献で挙げたフレデリックの論文に依拠しています）。

1　右手と左手の間には、真の（実在的・客観的）相違がある。右手と左手は重なり合わないからである。

2　その相違の存在を説明するためには物体に先立つ空間（それを「絶対空間」と呼ぶことにします）の存在が必要である。その理由は次のとおりである。

（a）その相違を、手の各部分どうしの関係の相違によって説明することはできない。
（b）その相違を、他の物体との関係によって説明することもできない。この世に存在するものが一本の手だけだったとしてもそれは左手か右手かのどちらかであるはずだからである。
（c）（a）（b）以外に絶対空間を用いない説明の方法はない。
（d）絶対空間の存在を想定すれば、右手と左手の相違を区別できる。

3　したがって、絶対空間は実在する。

このカントの議論に対しては、いくつかの反論があります。その反論は、「左右」をどのような概念と考えるかによって三種類に大別できます。

1　内在主義による反論

カントの議論の２（ａ）の部分が間違っている。（完全な鏡像関係にある理想上の）右手と左手は、対応する各部分の大きさや角度は完全に一致しているので、たしかにそれらの内在的性質だけからは、右手と左手の区別はできない。しかし右手や左手は、それらの性質以外に「右性」「左性」と名付け得るような、方向性を表す内在的性質を持っている。その相違が右手と左手の区別をもたらすと考えられるので、右手と左手の区別は、それら自身が持つ内在的性質によって行える。

2　外在主義による反論

カントの議論の２（ｂ）の部分が間違っている。もしもこの世に一本の手しか存在しなかったとしたら、その手は右手でも左手でもない。ある手（合同であれば複数本あってもよい）以外に、それと鏡像関係にある別の手が存在したときに、両者の相違によって初めて右手と左手の区別が生まれると考えるべきだからである。つまり、ある物体がそれ以外の物体に対してもつ外在的関係によって規定されるのが左右の概念だと言える。したがって、たとえば神様がこの世を創ったとき、最初に二本続けて左手を作った場合と、最初に右手、次に左手を作った場合とでは、実は一本目ではなく二本目の手を作ったときに、他方とは異なる世界が作られたことになる。

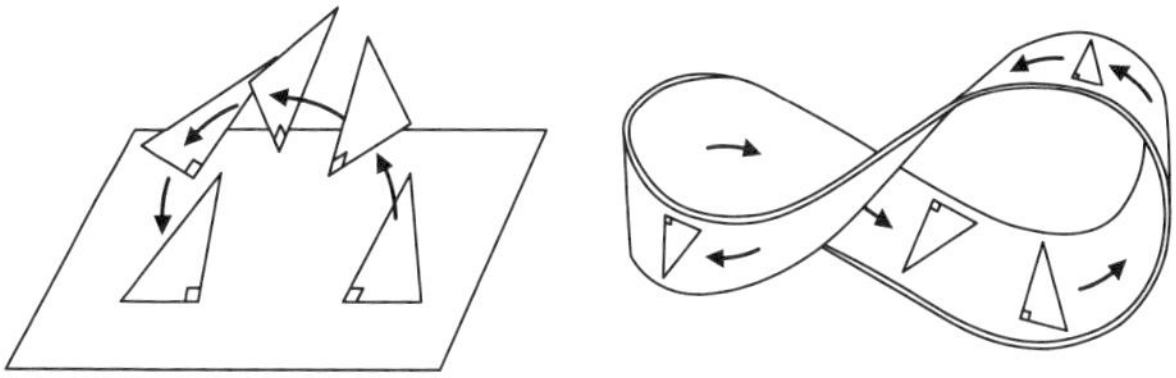

図24　二次元図形の取り出しと二重メビウスの輪

3　空間主義による反論

カントの議論の1の部分が間違っている。平面に描かれた右手の絵は、たしかに平面内をどのように移動しても左手と一致はしないが、もしもそれをいったん三次元空間に取り出して裏返すことが許されるならば、左手と一致させられる。また、（二重）メビウスの輪に沿って二次元的な右手を移動させると、元の位置に戻ったときはそれが左手となっている（図24）。これらの事例と同様のことが三次元的な物体にも適用できるかもしれない。すなわち、三次元空間内では一致しない右手と左手が、四次元的な空間へと抜け出ることができたり、三次元空間がメビウスの輪のようにねじれていたりする場合には、両者は一致するかもしれない。したがって、右手と左手が重なり合うかどうかは、空間がどのような性質を持っているかに依存することになるので、いちがいに重なり合わないとは言えない。

これらのうち、第三の立場は、「右手と左手の間には実在的相違があり、絶対空間の存在によって右手と左手が区別できる」と考えるカントの立場とは異なるけれど、左右の相違の有無が空間そのものの性質に依存して決まると考える点では、カントの立場に近いとも考えられます。

カントの立場は絶対主義と呼ばれますが、カントが絶対空間を用いて具体的にどのような形で左右を規定できると考えていたのかは、必ずしも明らかでありません。これはつまり、上の議論における2（b）「絶対空間の存在を想定すれば、右手と左手の相違を区別できる」の意味が必ずしも明瞭でないということです。一つの解釈は、絶対空間をデカルト座標によって規定される空間のようなものとして捉えることです。そう考えれば、ちょうどガードナーが考えたように、右手に対してはそれが占める各位置を座標として数値化した上で三つの座標値のうちの一つの値の符号を逆転させれば左手を作ることができ、それに基づいて両者の相違を説明できることになるからです。

さて、鏡像反転の謎について考察した結果得られた「左右の概念の本質は物体の回転にある」という認識は、この問題について何らかの見通しを与えてくれるでしょうか。まず、そのような左右の捉え方は、少なくとも外在主義的な立場ではないとは言えるでしょう。なぜなら、一つの物体さえあれば、その物体に回転軸を設定することによってそれがたまたま左手であれば、その鏡像となる右手を、また右手であれば左手を、想定することができるからです。いわば、その物体が持ち得た形として、すなわちその物体の可能的な形として鏡像を規定できると考えられるのです。

また、少なくとも発想の方向として、空間主義とは相性が良くないと思われます。右手があれば回転軸によってただちに左手が作れ、その逆もできるという発想は、空間の大域的な性質や構造とは無関係に規定される性質として左右を捉えることだからです。

すると、内在主義か絶対主義、あるいはそのいずれとも異なるまた別の立場だということになります。物体が持つ可能性を用いて左右を規定することは、物体を出発点としている点で、物体に先立って空間があると考える絶対主義とは、発想の方向が逆だと考えられるので、どちらかといえば内在主義に近いかもしれません。しかし一方で、回転軸に基づく左右概念の把握は、結局、回転座標という、デカルト座標と同等の役割を果たす位置規定の基準を利用しているという点では、カントの絶対主義に近いとも言えそうです（先ほど示した、デカルト座標を用いたカントの絶対主義の解釈が基本的に正しいとしてですが）。とすると、両者の中間を行く別の立場（カントの議論の2（c）を否定することになる）、ということになるのでしょうか……？

しかし、このあたりで切り上げることにしましょう。この問題については、「パリティの破れ」と呼ばれる物理現象（生物学的、化学的とは呼べないようなミクロのレベルにおいて、左右の相違だけで異質の物理現象が起こり得ること）[23]が発見されたという現代物理学の成果や、現代幾何学の位相論とよばれる分野などにも言及しながら、科学哲学者や数学者をも巻き込んで様々な専門的議論がなされています。したがって、単に鏡像反転の考察だけに基づいて簡単に結論が出せるような代物ではないのです。とはいえ、左右という概念が、そもそも空間とは何か、という哲学上の大問題の中核にかかわるものだとすれば、鏡像反転の謎について考察したことは、空間論への有効な第一歩となったのではないでしょうか。

かなり難しくなるけれど、さらにいっそう哲学的だと言えるエピローグ２

カントの空間論をもう少し

「カントの空間論」で紹介したカントの議論は、「空間領域の区別の第一根拠について」と題する１７６８年の彼の論文に基づいています。カントはその後、空間に関する考え方を変更していきました。ここでは、「可感的かつ可知的世界の形式と原理についての論考」と題する１７７０年の彼のケーニヒスベルク大学教授就任論文の中で提示した議論を紹介します（この後の部分は、参考文献で挙げたヴァン・クリーヴの論文に依拠しています）。

カントは、次のように述べています。

私たちは、いかなる知性の鋭敏さをもってしても、概念的には、すなわち、知性的な表徴によっては、当該空間においてある方角に向かっている対象とそれをその反対側の方角に対称反転した対象との区別を記述することはできない。したがって、右手と左手（それらが延長だけにしたがって想定される限りにおいて）や互いに向かい合う半球上の各球面三角形のように、完全な等長性と相似性を有するが一致はしない〔二つの〕立体については次のようなことが成立する：それらは言語的な記述を通して精神に理解可能な形で述べられる限りのすべての点において互いに置換可能であるにもかかわらず、両者の延長の境界を一致させることが不可能であるような相違が依然として存在する。したがって、このような場合において明らかなのは、その相違すなわちその不一致を理解するのは、純粋直観による以外ないということである。

ここでカントは「純粋直観」という言葉を「私たちのすべての感覚の基礎的な形式」という意味で用いていますので、その後の「沈黙の十年」を経て出版されたカントの主著『純粋理性批判』（第一版：１７８１、第二版：１７８７）で展開された彼の「超越論的観念論」の中での「私たちの（知性とは区別される）感性の形式としての空間」という主張が、すでに垣間見えています。だとすれば、「右と左」というごく日常的な概念にまつわる考察が、超越論的観念論という壮大な体系を構築する過程において多かれ少なかれ貢献したと言えるでしょう。

果たして、カントにしたがって私たちも「感性の形式」として空間を捉えるべきであるか、という点に関しては大いに議論の余地があります。また、そもそも空間に関する絶対主義 対 関係主義の論争に対して「左右」の問題が何らかの点で寄与するということそのものを疑う論者もいます。

しかし少なくとも左右をはじめとする空間的な性質あるいは関係についてきわめて興味深い論点をここでカントが提示してくれていることに疑いはなく、現代でもそれに呼応するような議論があります。以下では、それを紹介します。

その議論とは、ここでカントが示している「概念的に記述できない」区別とは、現代の代表的哲学者であるL．ウィトゲンシュタインが示した、「語りえぬもの」としての「示されるもの」に相当するのではないか、という議論です。つまり〈「右」「左」の意味は言葉によって「定義する」ことはできず、感覚に提示された実例を「指示する」ことによってしか説明できない〉ということをカントは示しているのではないでしょうか。

このような問題を、本文で紹介したガードナーは「オズマ問題」として次のような形で効果的かつ現代的に再定式化しました。

パルス信号の形で伝送された言語によって、「左」の意味を〈遠くの銀河にある衛星Xの住人に〉伝える方法があるだろうか？　この問題のために相手に対して何でも好きなことを述べてよいし、相手にどんな実験をさせてもよいが、一つだけ条件がある。それは、私たちも彼らも共通に観察できるような非対称的な対象や構造は存在しない、という条件である。

たとえば、衛星Xの住人に（「右手」と対比される）「左手」の形を伝えることによって「左」の意味を理解してもらう、という方法について考えてみましょう（話を簡単にするために、ここでは手のひら側から見た二次元的な左手の形を伝えられればよいということにします）。上の条件により、彼らは左手そのものやその形をした図形などを直接観察することはできません。そこで、パルス信号を用いて左手の形についての情報をデジタル的に伝えることによって、その画像を彼らが持っているディスプレー上で再現させる、という方法を試みましょう。そのためには、左手の輪郭上の各点がディスプレー上のどの位置にあるかを彼らに伝えなければなりません。すると、水平方向に走るいわゆる「走査線」を上から下へ（または下から上へ）移動させながら、その時々に走査線がどの位置で左手の輪郭と交わっているかを彼らに伝えるという方法が考えられます。そこでたとえば、一番上の走査線上のどの位置に左手の中指の頂点があるかを伝えたいと思ったとしましょう。その場合は、その走査線のどちらかの端から中指の頂点までの距離を伝えなければなりません。たとえば1パルス当たりの距離を彼らに決めてもらって、端から何パルス分の位置に中指の頂点があるかを彼らに伝えるということが考えられるでしょう。しかしそのためには、その出発点となる「端」が「左」端なのか「右」端なのかを彼らに伝えなければならないのではないでしょうか。だとすれば、「左」の意味を理解させる方法として「左手」の画像を利用したにもかかわらず、結局のところ、その画像を再現させるためには「左」の意味の理解が前提されなければならなかったということになるでしょう。

ガードナーは、他に考えられる方法として、①「卍」のような非対称的な図形の直接的な描き方を伝えて左右を理解させる方法、②偏光を一定方向に回転させる結晶や立体異性体を教えて発見させ、それを利用する方法、③衛星Xの自転や磁場を利用する方法、④フレミングの「左手の法則」を利用する方法、という四つの方法を挙げた上で、それらもすべて「左」（または「右」）の理解を前提するということを立証します。このような理由により、〈オズマ問題に対する答えは、1950年代以前であれば「ノー」であった〉と、ガードナーは主張します。ということは、1950年代以降であればその答えは「イエス」である、つまり、共通に観察できる対象や構造を用いずに左右の意味を衛星Xの住人に伝える方法が1950年代に「発見」された、ということになります。そしてその方法の原理となる発見は、実は量子力学における「パリティの破れ」という物理学上の大発見であり、実際、それを発見した研究者がノーベル物理学賞を受賞したのでした。

その具体的な内容に踏み込むととても話が長くなりますので、ここでは比喩で代用することとします。今、互いに正確な鏡像関係にあり、同じ素材で出来ている右足と左足の模型が一体ずつあるとします。そして、両者を同じように何度も繰り返し投げ上げた上で毎回どのように着地するかを確認する、という実験を行ってみたところ、右足は常に足裏側を下にして正しく着地するのに対し、左足は常に足裏側を上にして着地するため、ひっくり返ってしまうことが発見されたとします。もしも本当にこのようなことが発見されたら、それは驚くべき自然現象であるということになるのではないでしょうか。

というのも、その場合、普通に考えれば、右足と左足でほぼ同じ結果が出る、すなわち、どちら向きに着地するかというは、左足であるか右足であるかという形の相違は影響しない、と通常は考えられるからです。もちろん、本来であれば、形が異なればそれに応じて結果も相違する方が自然なはずです。しかし、こと「右」「左」という形の相違に関しては、その相違だけではいかなる物理的現象にも差異をもたらさないと考えるのが自然ではないでしょうか。〈現実世界をそれに対して鏡像関係にある世界に置き換えると、異なる（物理学的な）自然法則が支配することになる〉と想定するのはかなり無理があるでしょう。実際、物理学者たちはそのようなことはないだろうと考えていました。上のようなことが起きれば、世界はいわば「右利き」である、すなわち、自然法則は右足に一種の「えこ贔屓」をしている、ということを認めることになってしまうからです。

そして、もしも上のような実験結果がもたらされるのであれば、衛星Xの住人に対して次のような方法で「右」の意味を伝えることができます。まず、先に二次元版の「左手」を伝えようとしたときの方法の三次元版（水平方向の走査線を、上下方向に加えて前後方向にも移動させる）の方法で、右足または左足の図形を彼らに伝えることにより、その足の模型を彼らに再現させます。この時点では、彼らが実際に再現したのが果たして左足なのか右足なのかは、彼らにも私たちにもまだわかりません。しかしその次に、その足形模型を何度か投げ上げさせてみてどのように着地するかを確認すれば、その段階でそれが右足であるか左足であるかが判明するでしょう。正常に着地すれば右足であり、裏返しに着地すれば左足なのです。そしてそれに基づいて、右方向がどのような方向であるかを理解させることができるでしょう。

もちろん、この比喩的な実験には色々欠点があります。たとえば、衛星Xにおける重力の状況が私たち地球の状況とはかなり異なっているために物体の落下に関する法則性に関しても大きな相違があるとか、衛星Xの住人による足形模型の投げ上げ方に独特の癖があるために予期せぬ形での落下がもたらされる、などの状況が考えられます。つまり、地球上における実験と衛星Xにおける実験の同質性を必ずしも保証できないのです。しかしここで、上の比喩的な実験が素朴な日常的レベルでの実験であったのとは異なり、１９５０年代に実際に起きた「パリティの破れ」という発見は、量子的レベルの現象に関する発見であった、ということが効いてきます。というのも、その実験で左右の非対称性を見せるのは、コバルト60の原子の原子核がもたらす「弱い相互作用」という力に関する最も基礎的レベルにおける現象であるため、その現象は、衛星Xと地球という場所の相違にかかわらず共通に起こる物理的現象だと考えられるからです。これにより、両惑星での実験の同質性を保証できるのです。

というわけで、現時点では、少なくともガードナーが定式化した形での「オズマ問題」に対しては、肯定的な解答が正解となります。つまり、「共通に観察できるような非対称的な対象や構造」を相手に「示す」ことなく、左右の意味を伝えることができるわけです。ただ問題は、果たしてそのことから、左右の意味は「概念的に」理解できないというカント的主張、あるいは、それについては「語る」ことはできず「示される」しかない、というウィトゲンシュタイン的主張〈ウィトゲンシュタイン自身がそのような主張をしたわけではありませんが〉そのものが否定されることになるか、ということです。

というのも、たしかに先ほどの比喩的な実験においては、私たちと衛星Xの住人が「共通に観察」しているような足形模型はありませんが、少なくとも彼らに一体の足形模型の「実例」を作らせてそれを「観察」させることによって初めて「右」や「左」の意味を理解させたことに変わりはないからです。その場合もやはり、「語る」だけでは、あるいは「概念」だけでは、相手に意味を伝えることはできず、私たちの知覚を利用してしかその意味は理解できないという意味で、やはり「示される」ことが不可欠だと言えるのではないでしょうか。ちょうどこれは、雪を実際に見たことが無い人に〈雪とは寒いときに空から降ってくる粉状の物体であり、その色が「白」である〉と伝えて白色の意味を「概念的に」理解してもらったとしても、それが実際にどの色なのかわかってもらうためには雪の「実例」を「観察」してもらうしかない、ということに相当するでしょう。やはり、左右に関するカントの洞察は、「知性」や「概念」のみによる理解に抗して何らかの意味での「感性的な」理解を必要とする空間的性質の存在を含意しているように思われます。

以上の理由により、「パリティの破れ」という物理学上の発見によって必ずしもカントやウィトゲンシュタインが提示した哲学的論点が崩されたわけではない、ということは言えそうです。しかし、だからと言って、そのような発見にはまったく哲学的意義がなかったのかというと、そうでもありません。というのも、このような発見によって、左右という性質について「(特に物理学的な)自然法則」との関連を踏まえつつ考察する必要が出てくるからです。

エピローグ1の「カントの空間論」の中で、カントの議論に対して考えられる反論の一つとして「外在主義による反論」を次のように紹介しました。

カントの議論の2（b）の部分が間違っている。もしもこの世に一本の手しか存在しなかったとしたら、その手は右手でも左手でもない。ある手（合同であれば複数本あってもよい）以外に、それと鏡像関係にある別の手が存在したときに、両者の相違によって初めて右手と左手の区別が生まれると考えるべきだからである。つまり、ある物体がそれ以外の物体に対してもつ外在的関係によって規定されるのが左右の概念だと言える。したがって、たとえば神様がこの世を創ったとき、最初に二本続けて左手を作った場合と、最初に右手、次に左手を作った場合とでは、実は一本目ではなく二本目の手を作ったときに、他方とは異なる世界が作られたことになる。

この最後の部分で、創造神を想定しながら「神が最初に創った一本目の手は右手でも左手でもなく、それと異なる二本目の手を創ったときに各々がそのいずれかとなる」という外在主義者の主張を導きました。しかし、何度も同じように発生する「パリティの破れ」という自然現象が発見されたことにより、まず、左右に関する論争が、一本目の手の創造という単独のできごとに関する論争としては済まされなくなります。その結果、外在主義者は、次のような新たな問いに答える義務が発生します（先ほどの比喩的な実験に即して、「右手」ではなく「右足」を用いて定式化しました）。

神様は一本だけの右足模型を創ることができないにもかかわらず、どうして、足形模型が何回か投げ上げられたとき常に（あるいは、少なくとも通常は）右足模型だけが正しく着地するような世界を創ること、すなわち、右足模型を「えこ贔屓」すること、はできるのか？

つまり、神様は二本目以降には右足模型に加えて左足模型をも作り、両者の数をともに増やしていったとします。その上で、右足模型だけが正しく着地するようにするためには、足形模型が投げ上げられるたびごとにその模型そのものが「右足形」という性質を持つか「左足形」という性質を持つかということを判断しなければならないのではないでしょうか。だとすれば、やはり、単独の足形模型そのものが「右足形」という性質を持っていると考えざるをえないのではないでしょうか。

この問いかけに対して、外在主義者は、次のように答えることができます。

いや、そんなことはない。神様が最初に創った足形模型が結果的に右足形だったとすれば、神様は（大きさは異なるかもしれないが）それと同じ形としての右足形をしている足形模型だけを常に贔屓し続ければよいし、そうでなければ、それとは異なる形としての左足形をしている足形模型だけを常に贔屓し続ければよいのだ。

つまりこの場合も、一本目の足形模型との形の異同という外在的関係のみを用いることによって、右足形模型だけが正しく着地するような世界を創ることができる、というわけです。しかしここで、「パリティの破れ」に基づく主張が、このようないわば「神がかった」たとえ話のレベルではなく自然科学的レベルでなされているということが、第二の論点として効いてきます。というのも、たしかに神様であれば、右足形模型だけを「贔屓する」というケアを足形模型が投げられるたびに行えばよいことになりますが、右足形模型だけが常に正しく着地するということが「自然法則」の結果としておこるということは、説明できるのでしょうか。つまり、「神学」的にではなく、あくまでも

「自然科学」的にその現象を説明することはできるのでしょうか。それを自然科学的に説明するためには、やはり各足形模型が右足形であるか左足形であるかという「内在的性質」の相違に訴えざるをえないのではないでしょうか。

しかしこれに対しても、外在主義者は、各足形模型が、最初の足形模型との形の異同を、神様を経由せず直接何らかの形で「判別する」ことによって、右足模型だけが正しく着地するという現象が起きるのだ、と強弁できるかも知れません。しかしその場合は、もはやそのような現象が「自然法則」の結果であるとはとても言えないでしょう。第一に、それはまったく「自然科学的」な説明だとは思えませんし、第二に、そのような説明は、あくまでも最初の足形模型という特定の「個体」への言及によってなされる説明であるという点において、あくまでも物体の「種類」に基づく説明としての「法則的」説明にはなっていないからです。

もしも「パリティの破れ」に関する以上のような議論が正しいとすれば、「パリティの破れ」という自然科学上の発見によって、「右」「左」に関する「外在主義」という哲学的立場がきわめて不利な状況に追い込まれたと言えるでしょう。そして、もしも本当に「右」「左」が内在的性質であるとするならば、エピローグ1で紹介した「空間主義」という立場も同様の状況に陥ると思われます。というのも、「右」という性質が「右足」そのものの「内在的」性質であるとすれば、どのような空間内であれ、単に「移動」することによって「右足」が「左足」になる（あるいはその逆）ということはあり得なさそうだからです。

さらに、物体から独立な絶対空間の存在を主張する「絶対主義」についても、エピローグ1で紹介したカントの（空間に関する）「絶対主義」の証明に対する可能な反論のうち、「内在主義による反論」が成立しますので、少なくともカントのような形での「絶対主義」の証明は成立しない、ということになります。そして、少なくとも自然法則論的な観点からすれば、物体に内在する「性質」によって「パリティの破れ」のような現象を説明できるという点において、そのような現象を絶対空間という得体の知れない何ものかと物体との関係によって説明することになる絶対主義よりも、はるかに内在主義の方が有利でしょう。

果たして、内在主義が主張するとおり、「右性」「左性」とでも呼ぶべき方向性を表すような性質が本当に存在するのでしょうか。存在する場合、1770年のカント論文に従えば、その両性質は、概念的には「語り得ず」、何らかの形で感覚的に「示される」ことによってしか理解できない独特の性質である、ということになるでしょう。しかしそのような性質を物理学的理論の中に組み込むことができるのでしょうか。

また、先ほど、「右」という性質が「右足」そのものの「内在的」性質であるとすれば、どのような空間内であれ、単に「移動」することによって「右足」が「左足」になる（あるいはその逆）ということはあり得なさそうだ」と述べましたが、本当に内在主義がそのような不可能性を含意しているのだとすれば、内在主義は非常に強い主張であることとなります。その結果として、仮に現実の空間内の移動によっては右足が左足になるようなことはないにしても、何らかの空間内の移動であればそのような変化が「可能」だとすれば、その可能性だけによって内在主義が誤りであること証明されてしまいます。というのも、当該の含意命題が正しいならば、その対偶命題すなわち「空間的移動だけによって右足が左足になることが可能ならば、内在主義は正しくない」という命題も正しいからです。そして実際、カントの絶対主義の証明に対する「空間主義による反論」の中で示したように、四次元空間とか三次元的メビウス空間などによってそのような変化は「可能」なのではないでしょうか。

もしもカントによる絶対主義の証明に関する以上の議論が正しいならば、残る選択肢は、空間主義を採用することによって左右の区別を否定するか、その区別を受け入れた上で絶対主義を採用し、絶対空間との関係によって説明するかのいずれかであることとなります。しかし、ことは必ずしもそう簡単ではありません。たしかに空間主義は四次元空間や三次元的メビウス空間などの空間の「可能性」によって内在主義を排除しますが、問題は、その場合の「可能性」の意味です。そのような特殊な空間はたしかに「数学的」あるいは「形而上学的」に可能であるかもしれませんが、「物理学的」あるいは「自然法則的」には不可能であるかもしれません。もしもそうだとすれば、少なくとも自然科学的には内在主義の選択肢は残されているということになるでしょう。実際、「右回転」「左回転」という区別は物理学の中で行われていますので、内在的性質としての「右性」「左性」についての先ほど述べたような怪しさは、何ら問題でないかもしれません。また絶対主義についていては、「絶対空間」についての先ほど述べたような形而上学的な怪しさがつきまといます。カント自身も、結局は絶対主義を棄却し、空間を「純粋直観」の形式として捉える「超越論的観念論」へと宗旨替えしたのでした。これは、見方によっては、絶対主義以上に形而上学的な方法によって左右の問題を解決していると言えなくもないでしょう。しかし、ニュートンやカントとは異なる何らかの現代科学的な形で絶対空間に相当する〈物体から独立な空間〉を規定した上で、空間についての「実体主義」を採用するということも考えられます。いずれにせよ、やはり結局は、左右にまつわる問題に回答するためには、「空間とはそもそも何か」という空間の「本質」についての考察が求められることとなるでしょう。

【註】

（1）「『ロンパールーム』は、日本テレビ系列局で放送されていた子供向け番組（１９６３～１９７９）。アメリカの同名の番組"Romper Room"を参考にして製作された。題名の"Romper"とは『腕白・やんちゃ』を意味する言葉、および子供用のつなぎ服"rompers"（ロンパース）から取られた。

番組の最後に、みどり先生が丸型で取っ手の付いた銀ラメの鏡を持ち出して『鏡よ鏡よ鏡さん、みんなに会わせて下さいな。そ〜っと会わせて下さいな……』と呪文を唱え、イメージシーンが挿入された後に鏡が枠だけになり、枠からみどり先生が顔を覗かせ、視聴者の子どもの名前を呼ぶコーナーがあった」。（ウィキペディア・日本版〈https://ja.wikipedia.org/wiki/%E3%83%AD%E3%83%B3%E3%83%91%E3%83%BC%E3%83%AB%E3%83%BC%E3%83%A0〉２０２４年2月3日閲覧）私の世代にとっての子供向けテレビ番組といえば、「ひらけ、ポンキッキ」ではなく、「ロンパールーム」だった（はず）。

（2）「ええっー、知らなかったー」という人は意外に多いのかもしれない。アンケートに答えた東大生の１／３が鏡像反転に気づいていなかったと聞いたことがある。私がこれまでに行ってきた学生アンケートでも、鏡は実物を「そのまま」映していると思い込んでいる人が結構いた。

（3）旧版のイラストは、その拙さから一目瞭然であるかもしれないが、すべて私の手によるものであった。私のイラストに対する最も悲しかったリアクションは、図３に対する「先生、この人は帽子をかぶっているのですか、それともリーゼントの髪型なのですか？」という質問であった。帽子です！

（4）したがって、この回答は誤りではあるのだが、問題の原因が鏡ではなく自分自身（の身体）

にあるのではないか、という形での一種の自己反省・自己懐疑の第一歩を踏み出している点において、一種の哲学的考察の結果だと言える。

(5) この回答も誤りではあるのだが、問題は「左右」「上下」という概念、すなわち自分自身が用いている概念に由来しているのではないか、と疑っている点で、上記の自己反省・自己懐疑の一種だと言えるし、「概念分析」という哲学的考察の一段階となる方法を実践している。

(6) これは、通常から逸脱するような状況について考察してみることが哲学においてしばしば有効であるという事例の一種だと考えられる。哲学における「想像力」や「思考実験」の重要性を示しているとも言える。

(7) マーティン・ガードナーは、アメリカの数学者(1914〜2010)。ベストセラーとなった多数の通俗的科学書(邦訳書も多数あり)の著者として知られている。原書は"The Ambidextrous Universe"というタイトルであり、直訳すると「両手利きの宇宙」となる。

(8) このまとめによって、鏡像反転に関する私たちの理解についてガードナーが「誤謬説(error theory)」という立場を採っていることがわかる。いわゆる「陰謀説(conspiracy theory)」が「みーんな、騙されている」と唱えるように、「みーんな、間違っている」とガードナーは主張しているのである。そしてそのような下々の誤りを是正してくれるのが、数学という学問だというわけである。

(9) このイラストに対しては、COKEというロゴが、グラスではなくマグカップに付いていることの違和感をある人から指摘された。言われてみればたしかにそのとおりだが、左右の非対称性を伴う上下の対称性を具現するためには、カップの持ち手がどうしても必要だったのである。

(10) ネッド・ブロックは、アメリカの哲学者(1942〜)。心の哲学を専門としており、行動主義・機能主義を批判した。主観的経験と感覚から成る「現象意識」と認知システム全体で利用可能な情報から成る「アクセス意識」を区別したことでも知られている。

(11) この意味で、ガードナーが主張した誤謬に比べれば局所的な誤謬ではあるが、ブロックも鏡像反転に関して一種の誤謬説を採っていることになる。

*(12) この質問の仕方は意外に難しい。第一に、「鏡の中の世界」には「鏡像によって構成されている（鏡の向こう側に位置しているかのように見える）世界」と「鏡が映し出している（鏡のこちら側に位置している）現実世界」という二義性があり、後者の場合は自明に三次元的（立体的）であるので、最近は「鏡の中の世界」の代わりに「鏡像」を用いている。また、私はあえて「二次元的（平面的）」「三次元的（立体的）」の意味を明確に定義しないまま質問しているが、鏡面自体が曲がっていることもありうるし、特に最近は3DとかVRなどの技術が普及しているので、「定義次第だ」という回答も多い。そこで、「鏡像はどちらかと言えば彫刻に似ているか絵画に似ているか」という質問の仕方が考えられるが、これも「似ている」という言葉の曖昧さのために、大した改良にはならない。おそらく、「眼の焦点が鏡面上にあるか、それとも鏡面よりも背後にあるか」という問いであれば、鏡面の曲がりや3D、VRなどを度外視できるのでベストだと思われるが、ほとんどネタバレさせているようなものなので、悩ましいところである。

(13) 今まで何度もこのアンケートをしてきたが、この比率は概ね一定していた。ただ、最近は二次元派の微増傾向が見られるように思われる。アニメや漫画などの「二次元キャラ」推しの人が増えているせいか？

(14) これら以外に「鏡面に平行に移動しながら鏡像を見ているとその時々で見えている部分が異

なる（鏡像の側面や背面の一部が見える）が、絵画の場合にはそのようなことは起こらない」ということも根拠となる。これは私が学生に対して行ったアンケートに対する回答の一つであり、その年以降、毎回使わせてもらっている。

(15) とはいえ、納得しない人も毎回いる。簡単に納得しないことは哲学する上でとても良いことだが、重要なのは、論理的な反論を構成できるかどうかということである。

＊(16) この回答のうちの「鏡像に触ろうと思えば簡単に触れますよ」の部分は、先ほどの註(12)で述べた「鏡の中の世界」の二義性を利用してしまっているので、不適切である。鏡像（および、望遠鏡や虫眼鏡を通して見られた対象）は、「実際とは異なる位置に見えている実物」だとも言えるので、鏡像が見えている位置に手を伸ばしても、当然、実物には触れないし、また、鏡像自体が具現しているような何かにも触れない。

(17) 大森荘蔵（１９２１〜１９９７）。東京大学に在籍した。「立ち現れ一元論」と呼ばれる独自の哲学的思考を展開し、我が国における次世代の分析哲学研究に大きな影響を与えた。

(18) 恥ずかしながら、旧版の執筆時、この「回転座標」という発想は私のオリジナルだと自負しており、デカルトに対抗してあやうく「加地座標」と名付けるところであった。後になって、「円柱座標」という正式名称がすでにあることを知った。思いとどまって良かった……。

(19) 「デカルト座標」には「直交座標」という呼び名もある。また「円柱座標」以外にも、球の半径に相当する長さと緯度・経度に相当する二つの角度を用いた「極座標」という方式もある。

(20) 旧版で「タイヤ人間」のイラストだけは、「可愛い」と好評だった（個人的には、新版でさらに可愛さが増したと思う）。これに似たタイヤ人間を主人公とする漫画があると誰かが言っていたが、その真偽は確認できていない。

(21) 99頁「鏡像反転論の全体図」を参照。

(22) ここで想定されているノボルくんの回転は、もちろん水平回転である。

(23) 生物学レベルでの左右非対称性の一例としては、シオマネキというカニの左手と右手のどちらか片方だけが非常に大きいことを挙げられる。化学レベルでの一例としては、炭素化合物の一種であるブドウ糖と果糖はその分子構造が互いに鏡像関係にあるが、両者は異なる生理学的効果をもたらすことを挙げられる。

鏡像反転論の全体図

註（21）鏡像反転に関する議論の概要は、次のような形でまとめられる：

〈誰もが認めなければならないこと〉

（1）実物と鏡像は形が異なる。∵幾何学

（2）鏡像は三次元である（奥行きがある）。

∵①幾何光学＋②生物学＋③窓ごしの風景・眼鏡・望遠鏡等とのアナロジー、近視の人にとっての見え方、移動しながらの見え方 etc.

⬅

〈三次元図形として、実物と鏡像はどう異なるのか？〉

	ガードナー型の回答	ブロック型の回答	共通点
数学的	・デカルト座標値の一つの符号を逆転する。 ・面対称による変換	・回転座標値の回転度数の符号を逆転する。 ・逆回転による変換	・三つの座標値のうちの一つの符号を逆転する。 ・厳密に幾何学的に規定できる。
直観的	・鏡面の前後方向を反転させる。 ・裏返された半ぬいぐるみとして捉えられた鏡像を実物の（鏡に向かった）表面と見比べる。	・物体の回転軸のまわりの回転方向を反転させる。（左回りを右回りに、右回りを左回りに反転させる）。 ・物体として捉えられた鏡像を（想像上で）回転させて実物と見比べる。	・何らかの意味で「反転」させる。
相違点	・疑似二次元的 ・静的 ・三方向が平等↓物理的、宇宙論的 ・回転を媒介としない↓左右に関係なし↓鏡像反転の謎に答えるのではなく、謎を回避している。	・三次元的 ・動的 ・三方向が不平等↓生物的、環境論的 ・回転を媒介とする↓左右に関係あり↓鏡像反転の謎に正面から回答している。	

〈ブロック型のみに基づく、鏡像反転の謎への回答〉

想像上で物体（鏡像）を回転させる際の回転軸方向は反転しないで、それに垂直な方向（回転軸の周りの配置）が反転するということにすぎず、また、その回転軸の方向は任意であるにもかかわらず、私たちは（二重の意味で）無自覚のうちにそれを上下（頭足）方向に設定しているので、上下方向は反転せず、水平方向のみが反転するという不思議な非対称性を鏡が生じさせているかのように思ってしまう。

⬅

〈残る謎：回転軸の謎〉

（1）なぜ私たちは通常、ガードナー型ではなく、ブロック型で（すなわち、回転軸を設定して）鏡像を捉えるのか？

（2）なぜ私たちは回転軸を頭足方向に設定してしまうのか？

⬅

〈回答〉

（1）通常の物体を見るときと同じ捉え方をしているから。

（2）重力の影響が大きい。＋習慣、二足歩行、生環境　など。

〈哲学的？　教訓〉

・私たちの「地上的な」存在のかたち
・「当たり前」の事柄の支配力

第二章　なぜ私たちは過去へ行けないのか

1 『ターミネーター2』

私はタイムトラベル映画が大好きです。『バック・トゥ・ザ・フューチャー』シリーズ、「『ターミネーター』シリーズは、テレビで再放映されるたびに観ていますし、大林宣彦監督の『時をかける少女』は、ビデオを繰り返し観たために、主演の原田知世さんのセリフをほとんど暗記してしまったくらいです。[1] 一度、妻の前で演じて見せたら、「不気味だから人前では絶対しないで」と言われました。

今日も、ビデオ・レンタル店で『ターミネーター2』を借りてきました。間もなく『ターミネーター3』が公開されるので、復習しようと思ったのです。シリーズ物の場合、前作のストーリーが前提となっていることが少なくありません。しかもけっこう複雑な状況設定がなされていたりするので、リアルタイムでストーリー展開に付いていけないことの多い私にとって、準備作業は不可欠なのです。

『ターミネーター2』のストーリーは、だいたい次のとおりでした。[2]

＊＊＊

２０２９年の地球では、機械が世界を支配し、人間による抵抗軍と戦争をしています。その世界から、１９９４年の世界に二人（二機？）のサイボーグ（ターミネーター）が送られてきます。一人は、機械陣営「スカイネット」から派遣されてきたＴ－１０００型サイボーグで、将来抵抗軍のリーダーとなってスカイネットを苦しめることになる少年ジョンを暗殺することを使命としています。もう一人は、アーノルド・シュワルツェネッガー演ずる１０１型サイボーグ（こちらの方が旧型ということになっている）で、そのＴ－１０００型サイボーグから少年を守ることを使命として、抵抗軍によって派遣されてきたのです。

第一作では、ジョンが生まれる前の彼の母親サラを暗殺すべく、やはりシュワルツェネッガー演ずる別の１０１型サイボーグが１９８４年の世界に送られてきたのですが、成長して抵抗軍のリーダーとなっているジョンによって同じように派遣されてきた人間の兵士によって暗殺を阻止され、失敗に終わっています。（つまり第一作ではシュワルツェネッガーは「悪役」だったのです。同一俳優の役柄がこれほど劇的に変化したシリーズ物は他にないのではないでしょうか）。そして実はその兵士がジョンの父親であったということが第一作の最後で判明します。つまり、成長したジョンは、自分自身を誕生させるべく、その兵士を過去に送って自分の母親と恋に陥らせたというわけです。

ところで、なぜ機械が世界を支配することになってしまったかというと、コンピューター会社「サイバーダイン」に勤務するダイソンという男がある特殊なマイクロプロセッサーを開発し、それを用いてコンピューターによる自動防衛システム「スカイネット」を完成させたのですが、ある段階でそのシステムが人間への反逆を始め、人類に核戦争を起こさせて、その結果として30億の人間が死亡してしまったからです。その後で、生き残った人間たちがスカイネットへの抵抗軍として戦うことになったのです。面白いのは、ダイソンがそのようなマイクロプロセッサーを開発できたのは、第一作で最後に破壊されたサイボーグの断片やマイクロチップを分析して色々なことを学び取った結果だということになっているところです。

さて、ジョンの母親サラは、未来からやってきたジョンの父親から聞いた話によって、その核戦争が起こるということを知っています。ところが、そのような未来が到来するという想いに耐えられなくなったサラは、その核戦争を阻止すべく、ダイソンを殺そうとします。結果的にそれには失敗しますが、自分の研究が将来もたらすことになる悲惨な帰結をサラから知らされたダイソンは、それを回避すべく、サラ、ジョン、101型サイボーグ（シュワルツェネッガー）とともにサイバーダイン社へ侵入して、破壊されたサイボーグの断片とマイクロチップを奪い取り、ジョンたちに手渡します。そしてその際に起こった銃撃戦の結果、ダイソンは死に、研究所は爆破されてしまいます。

その後、ジョンたちは追ってきたT—1000型サイボーグと死闘を繰り広げるのですが、最後はそのサイボーグを溶鉱炉に落とし込んで、勝利します。また、サイバーダイン社から奪ったサイボーグの断片とマイクロチップもその溶鉱炉に投げ入れて消滅させます。それのみならず、身を賭してサラとジョンを守り抜いた101型サイボーグは、自分を構成する諸部品が分析されてスカイネットが完成してしまうことを避けるために、自らを溶鉱炉の中に沈めることをジョンに要求します（自分でそのような意志決定はできないことになっているのです）。感情をもてないはずのサイボーグですが、「人間がなぜ泣くか分かった」という泣かせるセリフを残して溶鉱炉の中に身を沈めていくシュワルツェネッガーの姿とともに、映画は終演します。

＊＊＊

うるうる、なんて健気なシュワちゃん……。また感動してしまった。特殊映像効果もいまだに色あせていないし、やっぱり何度観ても飽きないなあ。満足、満足。

その日は、感動の余韻に浸りながらベッドに入りました。

2 限りなくおいしいワイン

その夜、私は自分がジョンになった夢を見ました。頭の作りが単純なので、その日のできごとが直ちに夢に反映されてしまうのです。

ある日突然、中学生くらいになっている私の前にターミネーターが現れました。ターミネーターは私に言いました。

「お前は将来、抵抗軍のリーダーとなって私たち機械を苦しめることになる。だからそうならないように私は未来の世界からお前を殺しにやって来たのだ」。

私は答えました。

「ええっ、うっそー。信じられなーい。でもそれが本当なら、ラッキー。教えてくれてありがとう。君は何年からやってきたの？　はあ、2029年。そっかー。じゃあ、僕は少なくとも2029年までは無事に生きているってことだね。これで当分生命保険に入らずにすむね……。うーん、でも本当かなあ。君、とんでもない大嘘をついているんじゃないだろうねえ。確かめてみなくちゃ信用できないなあ。そうだ、ちょっと試しに僕を殺してみてよ」。

そう言われて、ターミネーターは、怪訝な表情をしながらも私を殺しにかかりました。まずは銃を私に向けて何発か発砲しました。ところが、不思議なことに私には当たりません。至近距離で撃っているにもかかわらず、なぜか弾はあらぬ方向にそれていってしまうのです。何度試みても同じことでした。それで、彼は銃をあきらめ、今度は私に直接襲いかかってきました。ところが、これまた不思議なことに、私はまったく無抵抗であるにもかかわらず、彼は私に指一本ふれることができません。私を殴ろうとするとむなしく空振りして、自分を殴ってしまったりするのです。これも何度も試みましたが、結局同じことでした。

その後、ターミネーターは職務を果たせない自分に絶望し、溶鉱炉に身を投げて自らを消滅させてしまいました。それまで気の小さかった私はその後、死をも恐れぬ勇敢さを随所で発揮し、その結果、人類のリーダーへと上りつめることになりました。 ── The End ──

あれっ、もう終わり？　うーん、なんて盛り上がらないストーリーだ……。

夢うつつにこんなことを想いましたが、まだ夜中だったので再び眠りに陥りました。先ほどの夢があまりにあっけなかったせいでしょうか、続けてまた別のタイムトラベルの夢を見てしまいました。

今度は、私は幼いジョンを守りに行く101型サイボーグになっていました。成長してリーダーとなっているジョンは、私を過去に送り出すとき、餞別だと言ってなぜかワインを渡してくれました。そのワインは、年代物なのか新物なのか見たところよくわからないワインでしたが、そのボトルには「誰もかつて味わったことのない、限りなくおいしいワイン」という銘柄らしき文字を書いたラベルが貼ってありました。

さて、送り込まれた過去の世界で私はジョンたちを守り抜き、破壊されたサイボーグの断片とマイクロチップとともにT―1000型サイボーグを溶鉱炉の中に投げ入れ、自らをも溶鉱炉に沈める段取りになりました。そのとき、別れを惜しむという人間の気持ちが初めて分かりました。そこで、ジョンが渡してくれたワインを開けて、別れの酒を酌み交わしたいと思いました（私は機械ですし、ジョンはこの時点では未成年なので、形式だけですが）。そう、ジョンはこのためにワインを私に与えてくれていたのです。ああ、偉大な指導者、ジョン……。

しかし、いざワインを開けようとすると、なぜか開きません。コルクをコルクに突き刺そうとしても、それてしまうのです。他のコルクあけを使ってみましたが、やはり同じことでした。思いあまってボトルを壁に投げつけてみましたが、ビクともしません。結局、別れの酒はあきらめてワインをジョンに渡し、私は溶鉱炉に身を沈めることにしました。ロープにつるされてゆっくりと身を沈めていくとき、突然私はワインの意味を悟りました。

「そうか。あの成長したジョンが私に手渡してくれたワインは、実は今私がジョンに与えたワインだったんだ。ジョンは、私から受け取ったワインを指導者になるまでキープした上で、私が過去へ出発する際に私に再び与えたのだ。おそらくジョンはそのワインを、未来の世界から誰かが本当にやってきたということを人々に示すための証拠として用いたに違いない（彼の母親サラは証拠を示せなかったために、精神病院へ入れられてしまったのだった）。そう、あのワインボトルはどんなことをしても決して壊れない不思議な物体であることをジョンは示すことができるからだ。そうして彼は他の人々を信用させ、人類のリーダーへと上りつめていったのだ。ああ、偉大な指導者ジョン、そこまで計算していたとは……」。

マイクロチップが熱で溶け始めたため薄れゆく意識の中で、私は機械であるにもかかわらず、無性にあのワインが飲みたくなりました。

「ところで、あのワインは何年間熟成されていたんだろう……。私がこの１９９４年の世界へ出発するのは２０２９年なのだから、私に手渡すまでジョンはワインを35年間キープしていたことになる。とすれば、私が受け取った時点ですでにワインは最低35年間は熟成されていたということだ。しかしそれを１９９４年に持ち帰ったのだとしたら、それからさらに35年間ジョンがキープするのだから、足して少なくとも70年はたっていたことになる。しかし、それを私が１９９４年に持ち帰ってジョンが35年キープするのだから、さらに足して１０５年はたっていたことになる。そしてそれを私が１９９４年に持ち帰って……、ピー、１４０年……、プププ、４５５年……、ジャー、……１４００年……、…なるほど、限りなく熟成された誰も飲めないワイン……、ツー、ツー、プチッ……」。

3 『ターミネーター2』の謎

あれほど感動していた『ターミネーター2』でしたが、昨夜の夢をきっかけとして色々なことが気になってきました。よくよく考えてみると、『ターミネーター2』のストーリーは謎だらけです。思いつく疑問点を列挙してみましょう。

〈謎1〉過去は変えられるのか？

『ターミネーター』シリーズでは、抵抗軍のリーダーとなったジョンを抹殺するために、ジョンの生まれる以前の母親、あるいは幼少期のジョンを、スカイネットがターミネーターによって殺させようとするというストーリーが中心です。なぜ、わざわざ過去へ遡ってそんなことをするかというと、ジョンの活躍によってスカイネットは壊滅的打撃を受けてしまったため、その段階では手遅れだからということになっています。

しかし、そのようにして、実在したジョンを実在しなかったことにする、また、スカイネットが被った壊滅的打撃をなかったことにする……つまり、あったことをなかったことにするというのは、端的な矛盾なのではないでしょうか。「覆水盆に返らず」「後悔先に立たず」という格言のとおり、起きてしまったことはもはやどうしようもない、すなわち、「過去は変えられない」のではないでしょうか。

〈謎2〉未来は変えられるのか？

これに対して、次のように反論されるかもしれません。

〈いや、だからこそスカイネットは過去の世界へターミネーターを派遣しているんじゃないか。つまり、現在ではどうしようもないので、過去の世界に戻った上で、その世界から見れば未来の世界で起きたことをスカイネットは変えようとしているのだ。彼らが試みているのは、「未来を変える」ことであり、それは誰もが可能だと信じていることのはずだ〉。

たしかに私たちは、過去は変えられないが、未来は変えられると信じています。しかし、その場合の「未来を変える」というのはどういうことでしょう。先ほどの「過去を変える」ということと同様に考えれば、未来の時点でジョンのためにスカイネットが苦戦しているのを、ジョンを消滅させることによってスカイネットを優勢に導く、ということになります。しかし、これも先ほどと同様に、スカイネットの壊滅的打撃という、あることをないことにする、という矛盾に陥っているのではないでしょうか。

実際、もしもターミネーターが幼いジョンの殺害に成功し、ジョンに導かれた人間たちの抵抗もなかったためスカイネットが最初から完全に優勢に立っていたのだとしたら、そもそもターミネーターが過去の世界に送られることもなかったはずです。ひょっとしたら、製造されることさえなかったかもしれません。また、特殊マイクロプロセッサーの開発者ダイソンは結局物語中で死んでしまいます。とすれば、結局スカイネットが完成することもなく、したがって核戦争も起きず、人類は安泰だったということになるでしょう。言い換えれば、未来を変えるということは、ターミネーターのように未来からやってきた者にとっては、自分がそれまで体験してきた世界を消滅させることに他ならないのですから、結局、私たちが「過去を変える」場合と同様の矛盾を抱え込まざるを得ないのです。

そして、私たちが今何かを行うことによって「未来を変える」と言うときに考えているのは、今述べたような意味ではないでしょう。つまり、本当は現実に起きている未来のできごとがあるのだけれど、それを別のできごとに変えようとするのが私たちの行為なのだ、とはおそらく考えていないでしょう。そうではなくて、未来に何が起きるかはまだ確定していないので、いくつか考えられる可能性の中で自分が最も実現したいできごとを実現させようとする、というのが私たちの行為の意味でしょう。とすれば、「未来を変える」というよりはむしろ「未来を引き起こす」「未来を創り出す」などという方が本来は正確な言い方だといえるでしょう。

しかし、これに対してまた別の反論があるかもしれません。

〈たしかにターミネーターは、１９９４年の時点でジョンを殺したとしても彼が出発した２０２９年の世界を消滅させることはできない。しかし、実は１９９４年の段階ではそこから分岐していく複数の未来の世界があるのであって、ターミネーターはジョンを殺害することによって、最初とは異なる未来を選択していくことになるのだ〉。

これは、「並行多世界説」と呼ばれる考え方で、一見途方もなく思えますが、実は哲学者のみならず物理学者の中にも大まじめにこの説を採用している人がいる、侮れない考え方です。しかし、仮にこの説を採用したとしても、やはりターミネーターが未来を変えているわけではない、ということに変わりはありません。

というのも、複数の分岐世界があるとしても、各分岐世界上の同一年たとえば２０２９年が、すべてまさに２０２９年に生起しているのだとしたら、ターミネーターが１９９４年に戻った時点において、彼が出発した分岐世界上の２０２９年までの世界とまったく同じ資格を持って別の分岐世界上の２０２９年までの世界が存在していることになります。とすれば、ターミネーターが行おうとしているのは、ある分岐世界から別の分岐世界へと「移行する」ということであって、決して未来の世界を「変える」ということにはならないでしょう。ターミネーターは、ジョンを殺すことによって、ジョンが指導者となっている分岐世界から、そうではない分岐世界へと移動するにすぎな

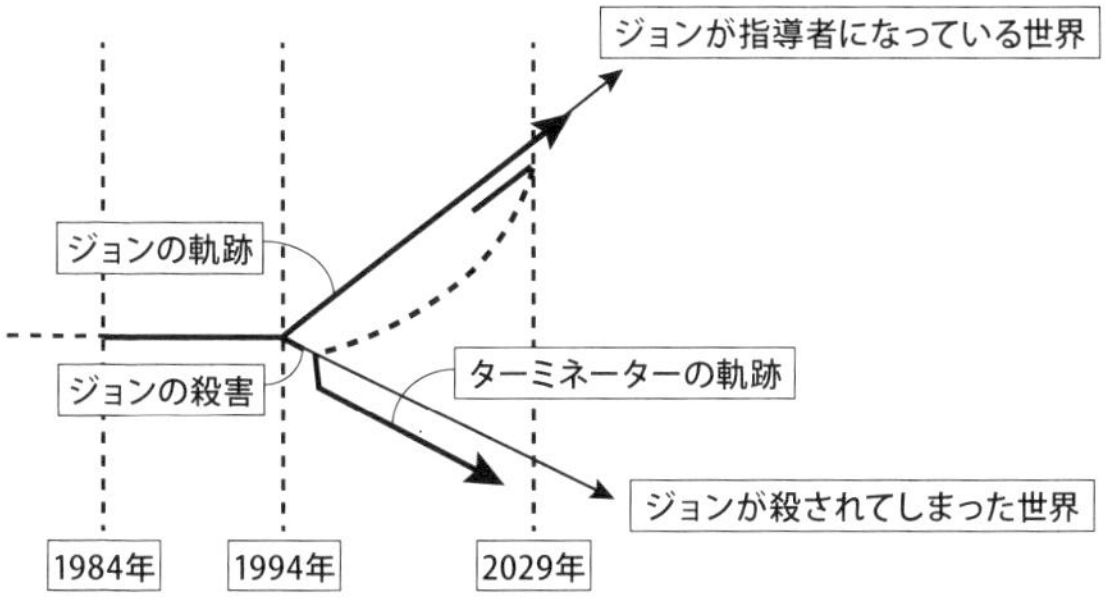

図25　並行多世界説

いのです（図25）。

だとすれば、この説を採用することによって矛盾は避けられるかもしれませんが、少なくともタイムトラベル物語としてはまったくつまらないストーリーになってしまうことは否めないでしょう。なぜなら、この説のもとでは、たとえターミネーターが過去の世界でジョンを殺したとしても、ジョンが指導者となっている世界そのものには何の変化もなく、そのままジョンが指導者であり続けることになるからです。したがってこの分岐説は採用しないことにします。

〈謎3〉過去（のできごと）を引き起こすことはできるのか？

過去にせよ、未来にせよ、それらを変えるということは、今述べた意味で矛盾を導いてしまいます。しかし、過去を「変える」のではなく、現在の行為によって過去のできごとを「引き起こす」ことは可能なのでしょうか。これは言い換えれば、結果が先に来て原因が後に来る、いわゆる「逆向き因果」は可能か、という問いとなります。

『ターミネーター』シリーズでは、2029年の世界から送り込まれてきたジョンの父親やサイボーグが1984年および1994年の世界で色々なできごとを起こします。ということは、ターミネーターや兵士を過去の世界に派遣するという、2029年に起きたできごとが原因となって、1984年や1994年のいくつかのできごとが結果として引き起こされていることになります。たとえば、成長したジョンが自分の父親を過去に送るというできごとが原因となって、自分の母親と父親が結ばれ、結果として自分が出産されるのです。つまり、成長したジョンによって赤ん坊のジョンが生じさせられたのです。そのようなことはあり得るのでしょうか。

このような逆向き因果そのものは、実際に起きた過去を別の過去に変えるという意味での「過去を変える」こととはまったく異なることであり、先ほどの場合のようにただちに矛盾をもたらすわけではありません。少なくとも可能性として、現在起きている様々なできごとのうちのいくつかが、未来のできごとが原因となって引き起こされていると想像することはできるからです。実際、あなたの知人のうちの何人かが実は未来からやってきた人間である、と想像しようと思えばできるでしょう。だとすれば、その場合には未来の世界でのできごとが原因となる逆向き因果について、それが現実に存在するかどうかはともかく、少なくともその可能性は承認していることになるのです。

したがって、直ちに矛盾が生ずるということはないのですが、それにしても、このような逆向き因果を承認することによって結果として何か問題が生ずることはないのか、あるいは、因果関係の成立の前提となっている何らかの事情によって逆向き因果の可能性が否定されることはないのか、ということを考えてみる必要があるでしょう。

〈謎4〉「時間の輪」の謎

今述べた逆向き因果が結果としてもたらしかねない問題の一つとして次のようなことが挙げられます。先ほどのジョンと父親の関係に即して言うと、ジョンが父親を過去に派遣したことによって自分が出産されるのですが、そもそもなぜジョンが父親を過去に派遣することになったかと言えば、幼い頃のジョンが母親から自分の父親が未来からやってきた兵士であることを聞かされたからだ、ということは十分考えられるでしょう。

もしそうだとすれば、ジョンが父親を過去へ派遣するというできごとは、ジョンの出産というできごと、そして彼が幼い頃経験した諸々のできごとの原因であると同時に、父親のことを母親から聞かされるという、幼いジョンが経験したできごとの結果でもある、ということになります。言い換えれば、父親の過去への派遣というできごとがなかったならば、父親について知らされるという幼いジョンの経験もなかっただろうし、しかし同時に、その経験がなかったならば、父親の派遣もなかっただろう、という形で因果関係に一種の循環が生じてしまうのです。

これと似たようなことが、サイバーダイン社の特殊開発部長ダイソンが開発したマイクロプロセッサーについても言えます。彼がなぜそのようなプロセッサーを開発できたかというと、それは未来からやってきたターミネーターの残骸を分析して色々な情報を得たからです。しかし、そもそもなぜターミネーターのようなサイボーグを製造することができたかといえば、それは、ダイソンが開発したマイクロプロセッサーがあったからでしょう。つまり、ダイソンが得たプロセッサーに関する情報があって初めてターミネーターも製造できたのです。とすれば、ダイソンが知った特殊マイクロプロセッサーの製造法は、ターミネーターの製造法が先にあって初めて学び得た技術なのですが、そのターミネーターの製造法はといえば、ダイソンが知ったプロセッサーの製造法があって初めて学び得た技術だという、これまた一種の循環、この場合は、「製造法」という一種の技術あるいは情報に関する循環が生じます。もしもそれらの製造法について特許を与えるとしたら、誰に与えることになるのでしょう。ダイソンでしょうか？　しかし、ダイソンはその製造法を「発明」したのではなく、ただ未来の技術を「模倣」したにすぎないのです。とすれば、特許を取得する権利はないでしょう。

さらに、循環が生ずる別の例が、私の夢にでてきた「限りなくおいしいワイン」のような場合です。自分が受け取ったワインが、実は自分が過去に持ち帰ったワインだったとすれば、そのワインはいつ製造されたことになるのでしょう。私がワインを受け取ってからジョンに手渡すまで、そ

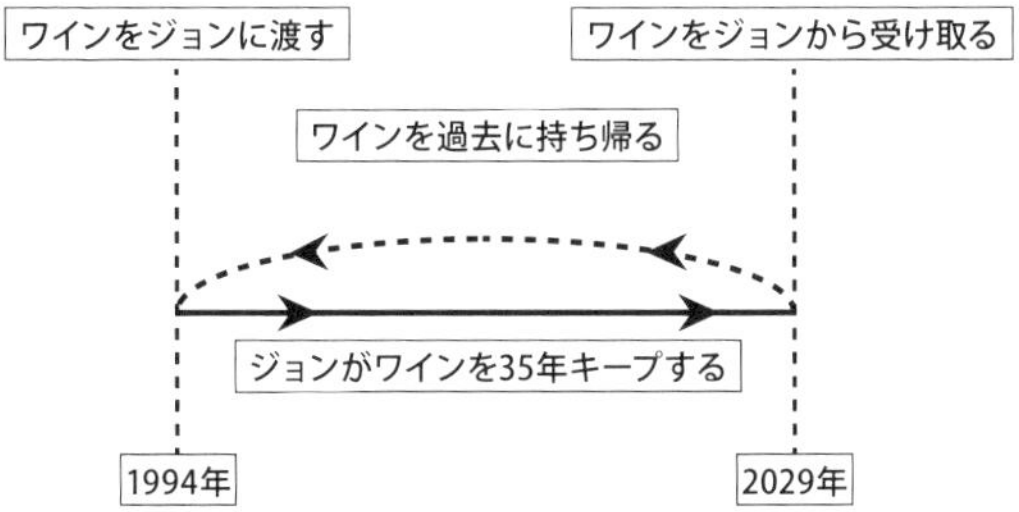

図26　ワインによる「時間の輪」

して手渡してから再び?受け取るまで、そして再び?手渡すまで……とワインの履歴をいくら辿っても、ワインが製造されたというできごとは見出せません。そしてその結果、ワインが何年熟成されているのかも結局特定できないこととなります。

自分が35年前の過去へとワインを持って遡り、そのワインを35年後の未来の時点で受け取ったのだとしたら、それを受け取った時点で実はすでに最低35年経過していたことになります。しかし、それを過去へと持ち帰り、35年後に受け取るのですから、合わせて最低70年間は経過していたことになり、そしてさらに……、とぐるぐる同じところを回ってどこまでも加算されていってしまいます。これは、物体に関する循環だといえるでしょう[3]（図26）。

このように、過去へのタイムトラベルが可能だとすると、因果、情報、物体に関して一種の悪循環が生じてしまいます。これらを総称して「時間の輪」の謎と呼ぶことにします。

〈謎5〉未来は決定しているのか?

今述べた「時間の輪」の謎にも関連しているもう一つの問題があります。「時間の輪」の場合と同じ例を用いると、ジョンは自分の父親が未来からやってきた兵士であることを母親から聞かされて知っていました。そしてたしかにそのとおり彼は成長した後、その時点では自分と同じくらいの年齢である父親を過去に派遣しました。

しかし何か妙だという気がしませんか？　ジョンは過去へ父親を送るとき、どう考えていたのでしょうか。彼はたとえば、本来ならば、彼はその父親をあえて過去に送らないという選択もできるはずです。するとそれによって自分は生まれない、すなわち自らを消滅させるということになりますから、ひょっとしたら新手の自殺の手段ということになるかもしれません。また、極端な場合、たとえば目の前にいる自分の父親を殺してしまうことだってできたはずです。しかしそのようなことを行う可能性を彼は持っていたのでしょうか。彼は否が応でもその若者を過去に送らざるを得ないのではないでしょうか。果たして彼にいわゆる「選択の自由」はあったのでしょうか。

もしもジョンが若者を過去に派遣しなかったとしたら、ジョンは生まれたと同時に生まれなかったという矛盾が生じてしまうでしょうから、どれほどジョンがその派遣をやめようとしたとしても、少なくとも、「結果として」若者を過去に派遣したということにはなるはずです。また、父親を殺そうとしたとしても結局殺さない、ということになるでしょう。ただ問題は、どうして必ず最終的には若者を派遣することになってしまうのか、どうして結局は父親を殺さないのか、ということです。

そうでないと矛盾してしまうから、というのは、ジョンが父親を過去に派遣するという具体的な「できごと」の説明にはなりません。ジョンは、矛盾を回避しなければならないと考えたために父親を過去に派遣した、というのはいかにも不自然ですし、矛盾はあり得ないという「論理の力」が彼を強制させた、というのも無理な話でしょう。

唯一考えられるとすれば、どれほど派遣を思いとどまろうとしても、何らかの物理的あるいは心理的な要因がその場で作用して、結局父親を派遣してしまう、という説明でしょう。その場合、その要因は常に偶然的なのか、それとも、何らかの自然法則性がそこに見出されるかのいずれかでしょう。前者の場合、奇跡か神秘か、何か非自然的な力の存在を承認することになるでしょうし、後者の場合は自然法則の概念そのものの大幅な改変を迫られるでしょう。

いずれにせよ、いくら当該のできごとを回避しようとしても常に起きてしまうのだとしたら、自分の将来は決定されていると考える宿命論者にジョンはなってしまうのではないでしょうか。映画の中で、未来からやってきた自分の父親が残した言葉として「運命は自分で創るのだ」という言葉をジョンは何度か口にしますが、その父親は自分がどれだけ抵抗したとしても結局は過去に派遣せざるを得ないのだという信念と、運命は自分で創るという信念とが、果たして両立するのかどうかは、はなはだ疑わしいと言わざるを得ないでしょう。

〈謎6〉そもそも過去へ行けるのか？

さて、ここまで長々と『ターミネーター2』のいくつかの謎を列挙してきましたが、いい加減うんざりしている方もおられるかもしれません。

〈だいたいタイムトラベルなんてのは、しょせん夢物語にすぎない。そもそも過去の世界へ行くなどというあり得ない荒唐無稽な設定をしているから色々な問題が生ずるのであって、いちいちそれらについて頭を悩ませる意義はない〉。

たしかに、結果としてタイムトラベル、特に過去へのタイムトラベルは「あり得ない」ということになるかもしれません。しかし、重要なのは、その場合の「あり得ない」とはいったいどういう意味でなのか、ということです。あり得ないことはこの世にいっぱいあります。たとえば、「地球は丸いと同時に四角である」「1＋1＝3」「ソクラテスはチューリップだった」「ソクラテスは空を飛べた」等々……。これらはいずれも「あり得ない」話です。

しかし、同じくあり得ないにしても、それらのあり得なさの意味は違います。この世には色々な種類の「あり得なさ」があるのです。たとえば、「地球は丸いと同時に四角である」は、そもそもそのようなことが成立しているということがどういう状況であるかを想像することすらできないのに対し、「ソクラテスは空を飛べた」は、現実にはあり得ないにしても少なくともそのような状況を想像することはできるでしょう。「1＋1＝3」「ソクラテスはチューリップだった」についてはどうでしょうか。これらが想像できるかどうかは、「地球は丸い……」「ソクラテスは空を……」ほど明確ではないのではないでしょうか。

さて、「タイムトラベルをする」「過去へ行く」があり得ない、つまり不可能だとしたら、その不可能性はどういう意味での不可能性なのでしょう。『ターミネーター』シリーズのように物語になっている以上、少なくとも想像することは可能であるということになるでしょう。もちろん、『ターミネーター』には先ほど述べたような矛盾めいた事柄がいっぱい潜んでいますが、矛盾を含まない形でタイムトラベル物語を創ろうと思えばできますし、実際そうした例はたくさんあります。『時をかける少女』などは、そうした物語の一つだと思います。

では、「ソクラテスは空を飛べた」と同じような、想像はできるけれど科学的根拠によってあり得ないという意味での不可能性なのでしょうか。しかし、タイムトラベルは理論的に可能であると主張する物理学者や数学者がたくさんいます。回転宇宙、ワームホール、タキオン、陽電子などという現代宇宙論や量子論の道具立てを用いてタイムトラベルが可能であることを主張する論文が、権威のある科学雑誌に掲載されたりしているのです。もちろん、理論的には可能だけれど、物語になっているような、私たち人間やロボットがかなり近い過去に行くようなタイムトラベルは物理的に不可能だ、ということになるかもしれません。しかし仮にそうだとしても、過去へ行くことが「理論的に可能」というだけでも、私たちの通常の過去概念に対して大幅な変更を迫られるのではないでしょうか。

いずれにせよ、このようにタイムトラベルの「可能性」について考えることは、時間とは何か、過去と未来はどう違うのか、逆向き因果は可能なのか、自由とは何か、といった重要な哲学的問題について考察するための有効な手段となるでしょう。このように、日常的にはあまり見られない状況をあえて設定することによって私たちの基本的概念について改めて考え直す手法を「思考実験」と言います。タイムトラベル物語のようなサイエンス・フィクションは、とても良い思考実験のヒントとなります。そして、先ほど示したようないくつかのタイムトラベルの謎は、その思考実験によって得られた貴重なデータなのです。あとはそのデータについて哲学的に納得できる形で説明することが、「哲学的時間論」と呼ばれる分野の課題となるでしょう。

4 過去は引き起こせる……ロンドンの宿命論と踊る酋長

というわけで、『ターミネーター２』について色々考えているうちに、どんどん哲学に近づいていってしまいました。そのせいか、タイムトラベルの謎と関連の深い哲学的議論を展開していた二人の哲学者を思い出しました（興味深いことに、その二人の議論は、ともにやはり一種の「思考実験」を中心としたものです）。その一人が、マイケル・ダメットという英国の人です[4]。彼は「過去を引き起こす（Bringing about the Past）」という１９６４年に書いた論文において、逆向き因果が少なくとも理論的には可能であると主張しました。

その立証のために、彼はまず、大戦中に実際にロンドンで流行したという宿命論を紹介します。これを「ロンドンの宿命論」と呼ぶことにしましょう。ロンドンの宿命論とは、次のような議論です。

〈あなたは爆弾で殺されるか殺されないかのいずれかだ。もしも殺されるのならば、あなたが予防策をとろうととるまいと、あなたは殺されるのだ。したがってこの場合、どんな予防策も無効だということになるだろう。もしも殺されないならば、あなたが予防策をとろうととるまいと、あなたは殺されないのだ。したがってこの場合、どんな予防策も余計だということになるだろう。つまりいずれの場合にせよ、予防策をとることには何の意味もない〉。

どうせ殺されるならば殺されるんだし、殺されないならば殺されないんだから、あれこれ予防策をしたって意味がない、なるようになるのだ、といういわゆる「ケ・セラ・セラ」の投げやりな気分を表した議論だといえますが、もちろん、この議論を真剣に受け入れる人はほとんどいないでしょう。

この議論のどこが間違っているのか、と問われたとき、おそらく最も多くの人が疑問視するのは、上の議論の「もしも殺されないならば、あなたが予防策をとろうととるまいと、あなたは殺されないのだ。したがってこの場合、どんな予防策も余計だということになるだろう」の部分でしょう。たしかに、爆弾によって殺されてしまったのだとしたら、それまでに行った予防策が結果的に機能しなかった、つまり無効だったということは認めざるを得ないかもしれません。しかし、殺されなかったのだとしたら、その殺されなかった原因は何かといえば、それまでに行った予防策がうまくいったからだ、ということは十分に考えられるでしょう。したがって、「殺されないならばどんな予防策も余計だ」ということにはならないのです。

ダメットも基本的にはそのような理由でこの宿命論を退けます。しかし彼の真の狙いはその先の議論、つまり逆向き因果が理論的には可能であることを立証する議論の中で、この宿命論を反駁する議論を利用するところにあります。その立証のために、彼は次のような一種の思考実験を行います。

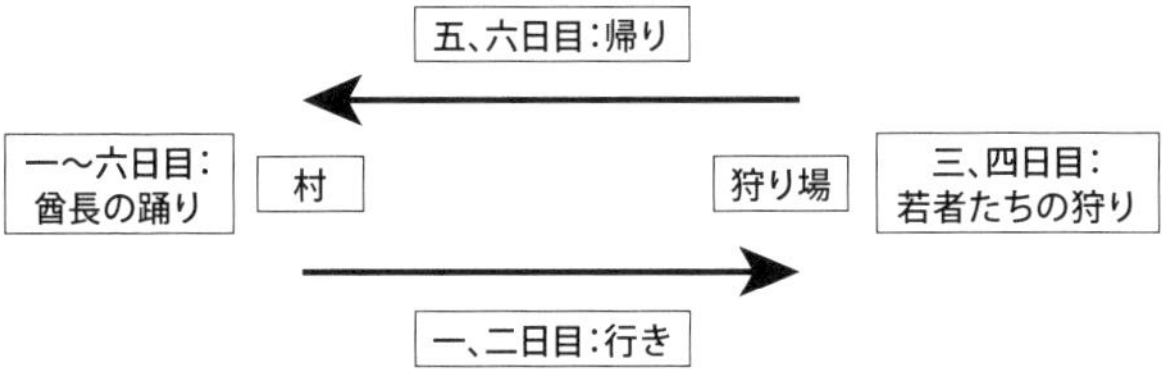

図27　若者たちの行程と酋長の踊り

＊＊＊

私たちが次のような慣習を持つ部族に出くわしたと仮定しよう。その部族の若者は、成人式の一環として、二年ごとにライオン狩りに送り出される。若者たちは男たることの証を立てなければならないのである。彼らは二日間旅をし、二日間ライオン狩りをする。そして、さらに二日間を帰路の旅に費やす。見張り人が彼らに同行し、帰ると直ちに、若者たちが勇敢に振舞ったかどうかを酋長に報告する。

さてその部族の人々は、酋長によって催される種々の儀式が天候、収穫などに影響を与える、と信じている。そこで酋長は、若者たちが部族から離れている間、若者たちが勇敢に行動するように、ということを祈る踊りを儀式として行う。酋長は、その一行が留守にしている六日間を通して、この踊りを踊り続ける。

＊＊＊

ここで重要なのが、酋長は「六日間を通して」踊り続ける、ということです。つまり、四日目に若者は狩りを終え、若者たちが勇敢に振る舞ったかどうかはすでに確定しているはずなのに、なぜか酋長は最後の二日間も踊り続けるのです（前頁図27）。当然私たちは、彼に次のようにその不合理さを教えてやりたくなるでしょう。

〈踊りによって若者の勇敢な行動を引き起こすことができるとすれば、それは四日目までだ。五日目以降はもう狩りも終わってしまっているのだから、その後にいくら踊ったって若者の行為に影響を及ぼすことはできない〉。

ところが、酋長は次のように答えます。

〈それは経験に反する。数年前そのように考えて最初の四日間しか踊らなかった酋長がいた。その結果は惨めなものだった。私自身が酋長になってからも、二度ばかりこういうことがあった。つまり、私は四日間の踊りの後病気に倒れ、踊りを続けられなかったのだが、そのときもまた、狩りの一行が帰ってきたとき、若者たちが不名誉な振る舞いをしていたことがわかったのだ〉。

つまり酋長は、決して迷信によって過去への逆向き因果が可能だと信じていたのではなく、経験による実証に基づいて合理的にそれを信じていたのです。しかし私たちとしては当然、過去に影響を及ぼすことは、経験によって確かめるまでもない根本的に不合理なことだと考えるでしょう。そこで、その根本的不合理さを酋長に納得させなければなりません。どうしたら納得させられるでしょうか。

そこで考えられるのが、次のような説得法です。

〈なぜ今も踊りを続けるのか。若者たちは勇敢でなかったか、勇敢だったかのいずれかだ。もしも勇敢でなかったならば、あなたが踊ろうと踊るまいと、若者たちは勇敢でなかったのだ。したがってこの場合、あなたの踊りは無効だということになるだろう。もしも勇敢だったならば、あなたが踊ろうと踊るまいと、若者たちは勇敢だったのだ。したがってこの場合、あなたの踊りは余計だということになるだろう。つまりあなたの踊りには何の意味もない〉。

つまり、若者たちが勇敢でなかったのならば勇敢でなかったんだし、勇敢だったならば勇敢だったんだから、今さら踊りによって若者の振る舞いを何とかしようとしたって意味がない、というもっともな議論……のはずですが、あれっ、これって……？

そう、実はこの説得法は、先ほど紹介したロンドンの宿命論とまったく同じ論法なのです。違うのは、ロンドンの宿命論が「あなたは爆弾によって殺される」という未来のできごとを問題にしていたのに対し、今の場合は「若者たちが勇敢だった」という過去のできごとを問題にしているということだけです。そして、私たちは、そのロンドンの宿命論をあっさりと退けました。つまり、ロンドンの宿命論の中の「もしも殺されないならば、あなたが予防策をとろうととるまいと、あなたは殺されないのだ。したがってこの場合、どんな予防策も余計だということになるだろう」の部分について、殺されなかったのだとしたら、その殺されなかった原因は何かといえば、それまでに行った予防策がうまくいったからだ、ということは十分に考えられるので、「殺されないならばどんな予防策も余計だ」ということにはならない、という形で論駁したのです。

しかし、ということは、私たちの説得法も同じようにあっさりと退けられるということになってしまうのではないでしょうか。酋長が次のように反論してきたら、私たちは言い返せるでしょうか。

〈何を愚かなことを言っているのだ。あなたの議論の「もしも勇敢だったならば、あなたが踊ろうと踊るまいと、若者たちは勇敢だったのだ。したがってこの場合、あなたの踊りは余計だということになるだろう」の部分がちゃんちゃらおかしい。たしかに、若者たちが勇敢でなかったのだとしたら、私の踊りが結果的に機能しなかった、つまり無効だったということは認めざるを得ないかもしれない。しかし、勇敢に振る舞ったのだとしたら、その勇敢に振る舞った原因は何かといえば、私が今踊っているからだ、ということは十分に考えられるだろう。したがって、「もしも勇敢だったならば私の踊りは余計だ」ということにはならないのだ〉。

もしもこの酋長の反論の妥当性を否定するのだとしたら、それは同時に、ロンドンの宿命論への私たち自身の反論の妥当性をも否定することになります。つまりその場合、私たちは宿命論者にならざるを得ません。もしもこの酋長の反論を承認するのだとしたら、私たちはロンドンの宿命論への反駁を保持できますから、宿命論者にならずにすみます。しかしその代償として、逆向き因果の可能性を承認せざるを得ない、つまり、酋長の踊りが合理的であることを認めざるを得ない、ということになります。こうして私たちは、一種のジレンマに陥ることになるのです。

このジレンマに対応する方法は次の三とおり考えられます。

（1）常識には反するが、よくよく考えてみると実はロンドンの宿命論が正しいのだと結論する。つまり、宿命論者になる。それによって、逆向き因果の可能性は退けられる。

（2）常識には反するが、よくよく考えてみると実は酋長の論駁が正しいのだと結論する。つまり、逆向き因果の可能性を承認する。それによって、ロンドンの宿命論は退けられる。

（3）上で挙げた論法が成立するのは、問題となっているできごとが過去の場合だけであって未来の場合には成立しない、ということを示すことによって、つまり、酋長への私たちの論駁は正しいがロンドンの宿命論は誤っていることを示すことによって、逆向き因果の可能性と宿命論のいずれも退ける。それによって、常識が保持される。

（4）上で挙げた論法が成立するのは、問題となっているできごとが未来の場合だけであって、過去の場合には成立しない、ということを示すことによって、つまり、ロンドンの宿命論は正しいが酋長への私たちの論駁は誤っていることを示すことによって、逆向き因果の可能性と宿命論のいずれも承認する。それによって、常識が徹底的に破壊される。

論理的には次の選択肢もありますが、少なくとも私は絶対に選ばないので、除外しておきます。

ダメットが選んだのが、（2）の選択肢です。彼は、先ほどの議論によって、逆向き因果が一見思われるほど不合理なものではないことを認めざるを得ないと結論します（さらに論文の後半で、どのようなときに逆向き因果が実際に起きていると言えるのかについて詳細に考察しています[5]）。もしもダメットが正しいならば、〈『ターミネーター2』の謎〉のうち、少なくとも三番目の謎〈過去（のできごと）を引き起こすことはできるのか〉は解消されることになるでしょう。つまり、過去へのタイムトラベルにとっての障碍となりそうな事柄の一つが消去できるわけです。

とはいえ、おそらく多くの人が選びたいのが（3）の選択肢だと思います。しかし、この選択肢を成立させるためには、なぜ過去か未来かの違いだけによって、同じ構造を持った二つの議論のうち一方だけが成立し、他方だけが成立しないのか、両者の並行性はどのような理由によってどこで崩れるのか、を示さなければなりません。つまり、過去と未来は何が違うのかを明確にすることによって、先ほどの議論の並行性の崩れを明示しなければならないのです。これはおそらくそれほど簡単なことではないでしょう。

5　未来は決定している……オズモの物語

『ターミネーター2』について考えているうちに思い出したもう一人の哲学者は、リチャード・テイラーというアメリカの人です。(6) 彼は正真正銘の宿命論者で、宿命論は論理的に証明できると大真面目に信じています。もしも彼の証明が正しいならば、〈『ターミネーター2』の謎〉のうち、五番目の謎〈未来は決定しているのか〉も解消されることになります。

彼はその証明を『形而上学（*Metaphysics*）』と題する著書の中で提示しました。この本は、1963年に初版が発行されて以来、アメリカの大学で哲学の入門的教科書として広く使われ、1991年に出た第四版が現在まで出版され続けています。60年にわたる超ロングセラーとなっているわけです。

この本の中には「宿命」と題する章が含まれており、その初版では、ロンドンの宿命論に似た証明をテイラーは行いました。しかし彼はもっと簡潔で強力な証明方法があると考え、それを第二版で提示しました。その証明は、ダメットと同じく一種の思考実験を利用するものでした。

彼はまず、「オズモの物語」と題するおおよそ次のような物語を創作します。

＊＊＊

26歳の高校教師オズモは、ある日『神によって授けられた、オズモの生涯』と題する古ぼけた本を学校の図書館で発見した。興味に駆られてその本を読んでみたところ、驚いたことに、そこにはそれまでの彼の人生が一つ一つ正確に記載されていた。それのみならず、彼のこれからの人生も予告されていた。その予告は芳しくないものが多かったのだが、中でも彼にとって衝撃的だったのは、その本が29歳までの彼の人生の記述で終わっており、その最後には次のように記されていたことであった。

そしてオズモは、オヘアからのノースウエスト航空569便に乗り、その飛行機がフォート・ウェイン空港の滑走路に墜落し、多数の死者を出したとき、彼も死ぬ。その悲劇をいっそう深刻にしたのは、彼が生命保険の契約期間の更新を怠っていたことである。

これを読んだオズモは、決してその飛行機には乗らないこと、生命保険の更新も決して忘れないことを決心した。しかしその3年後、何らかの目的でオズモはセント・ポール行きの飛行機に搭乗した。ところが飛行中、「予定を変更してフォート・ウェインに着陸します」とパイロットが告げたとき、彼はパニック状態に陥った。搭乗員の一人の話によれば、彼は飛行機をハイジャックして別の空港に向かわせようとしたということである。民間航空協会によれば、その結果起こった混乱が、飛行機の着陸時に起きた墜落事故の原因であったということである。

＊＊＊

飛行機が墜落するという文字どおりの「落ち」とともに物語は終わるわけですが、この物語を述べた後で彼は次の四つの問いを立てます。

（1）オズモは当然宿命論者になっていたと思われる（パニックによる最後の悪あがきを別にすれば）が、何が彼をそうさせたのだろうか。

（2）彼が信じていた宿命論とは、どのような主張だろうか。

（3）オズモが信じていた宿命論は、彼のような経験をしたとすれば、正しいと認めざるを得ない主張だったのだろうか。

（4）オズモが信じていた宿命論は、彼のような経験をしない私たちにとっても、正しいと認めざるを得ない主張だろうか。つまり、私たちもオズモと同様に宿命論者になるべきだろうか。

（1）の問いに対するテイラーの答えは次のとおりです。

〈オズモが宿命論者になった理由は、過去と未来の彼の人生の詳細に関する一連の正しい記述が存在し、それらの正しい記述のうちのいくつかを彼が知り、彼の未来についての記述の多くも含め、それらを信ずるようになったということである。それがすべてだ〉。

重要なのは、たしかに彼が読んだ本には『神によって授けられたオズモの生涯』というタイトルが付けられていたとはいえ、必ずしも何らかの宗教的・神学的な信念によって彼が宿命論者になったわけでもないし、また、自然法則や心理法則などによって因果的にすべてのことが決定されているということを彼が信じていたからでもない、ということです。彼はただ、自分の人生の一つ一つに関する正しい記述の集合を目の当たりにした、という経験だけに基づいて宿命論者になったのです。

（2）の問いに対しては次のように答えています。

〈オズモが信じていた宿命論は、例の本に書かれていることはすべて不可避であるということを認めたということである。私たちもいくつかのできごと……たとえば、太陽が明日も昇ること……についてはそれが不可避であることを知っている。[*(7)] 宿命論者とは、この世に実際に起きるできごとの一部だけではなく実はすべてが不可避であると信ずる者である〉。

注意すべきは、どんな事であれ生ずる事になっている事は必ず彼に生ずる、ということをオズモが信じていたわけではないということです。たとえば、もしも彼が飛行機に乗らなかったとしても彼は飛行機事故で死んだだろう、などということを彼が信じたはずはありません。それはほとんど論理的に矛盾していますし、因果的にもあり得ないからです。つまり彼が信じていた宿命論は、論理的整合性やできごと間の因果関係までも否定する不合理な信念ではありません（「信念（belief）」とは、おおよそ「信じている内容」という意味の哲学用語です）。

そして私たちにとって重要なのは、オズモが陥っていたような状況は、まさしく『ターミネーター2』におけるジョンやその母親サラも陥っていたはずの状況だということです。もしもターミネーターやジョンの父親が本当に未来からやってきており、しかも彼らが述べていたことが真実であるのならば、それを聞かされたジョンやサラは、まさしくそのとおりに世界が進行していくことを思い知らされたでしょう。

特にジョンの場合、そのとおりに進行してくれなければ自分自身が存在しないことになってしまうのですから事は重大です。どう抵抗しようとも、彼は自分の父親を過去に派遣することになるということを、彼は信じていたでしょう。ただその場合も、たとえばこの世に自分一人しか生き残っていなかったとしても誰か自分以外の人を過去に派遣しただろう、などという不合理な信念を持っていたわけではないでしょう。おそらく何らかの因果的影響関係のすえに、結果として父親を派遣することになる、と信じていたはずです。

そしてこのことは、ここで問題になっていることが、私たちが未来のできごとを「引き起こせる」かどうか、ということではないことを意味します。オズモにしてもジョンにしても自分の行為が原因となって色々なできごとが結果としてもたらされる、ということはみじんも疑っていないからです。彼らが感じているのは、たしかに自分の行為がいくつかのできごとの原因となっているかもしれないが、実はその自分の行為も含めて、この世で起きていることはすべて、いわばシナリオどおりなのだ、と感じてしまう一種の無力感でしょう。

その無力感は、結局自分たちは前もって定められたレールの上を動いているのであって、未来は自分たちの手でその場その場で「創り出される」ようなものではない、という世界観だとも言えます。宿命論者とは、そのような世界観をそのまま引き受ける人だと言えるでしょう。実際テイラーは、そうした世界観をむしろ積極的に評価します。それを採用することによって、後悔のない平穏な人生を送れるからだ、と彼は言うのです。しかし、もしもそれが正しいならば、同時に、達成感のないつまらない人生を送ることになってしまう、ということも言えてしまうのではないでしょうか。

（3）の問い「オズモが信じていた宿命論は、彼のような経験をしたとすれば、正しいと認めざるを得ない主張だったのだろうか。」に対する答えは次のとおりです。

〈もちろんである。彼のような体験をしている人に対して、「それでもなおかつ、あなたにはその本に書かれていること以外の選択肢が可能性としては開けているのだ」と言ったところでまったく空虚であろう。彼が疑い得たとしたら、それはその本に書かれていることが実は真実ではないのではないか、ということだけである。しかしその疑いは、彼の経験によってことごとく打ち砕かれていくのである。そして、この世に存在するいかなる力も、真実を真実でなくすることはできないのである〉。

そしていよいよ（4）の問い「オズモが信じていた宿命論は、彼のような経験をしない私たちにとっても、正しいと認めざるを得ない主張だろうか。つまり、私たちもオズモと同様に宿命論者になるべきだろうか」への答えです。意外にも、と言うべきか、やっぱり、と言うべきか、彼はイエスと答えます。彼によれば、オズモの体験はたしかにきわめて特殊なものであるかもしれないけれど、実は、オズモの境遇と私たちの境遇とは大して異なるものではありません。オズモの宿命論には二つの要因があるけれど、そのうちの一つは私たちにも当てはまることであり、しかも、宿命論を成立させるためにはそちらだけで十分だから、と彼は言うのです。その二つとは、次のとおりです。

（a）過去と未来の両方について、彼の人生に関する正しい命題の集合が存在した。
（b）彼はそれらの命題を知り、それらを信じるようになった。

「命題」とは、だいたい「意味のある平叙文（記述文）によって主張されている内容」のことだと考えてください。そして彼は次のように主張します。

〈（b）は、オズモが宿命論的な心情をもつことになったという心理学的事実の理由を説明するが、そのことは宿命論の妥当性とは何の関係もない。その妥当性は、（a）だけで保証される。例の本の諸命題を不可避にしているのは、それらの命題がたまたま書き記されていたという事実ではない。そのことは宿命論の妥当性と何の関係もない。また、それらが書き記されていたためにオズモがそれを読むことができた、という事実でもない。彼がそれを読んで信じるようになったということも同様に、それらの命題が不可避であることとは何の関係もないのである。その不可避性は、書かれていようがいまいが、誰かに読まれようが読まれまいが、誰かに知られようが知られまいが、そのような命題の集合がある、ということだけで保証される。必要なのは、その一連の命題が正しいものであることだけなのである〉。

そして、二つの要因のうち（a）が私たちにも当てはまるということ、つまり、オズモだけでなくすべての人について、その人の過去と未来の両方におけるできごとに関する正しい命題の集合が存在する、ということは、誰もが認めざるを得ないことだとテイラーは主張します。なぜならば、それは「排中律」と呼ばれる最も基本的な論理法則だからです。

排中律とは、どんな命題であれ、その肯定命題と否定命題のどちらかが必ず成立することを表す論理法則です。たとえば、「邪馬台国は九州にあったかなかったかのどちらかである」「21世紀中に女性が日本の首相になるかならないかのどちらかである」などが正しいか間違っているか、と問われれば、歴史の教科書を調べたり日本政治の現状について調べたりするまでもなく、誰もが正しいに決まっていると考えるでしょう。これを一般化すると次のように表せます（以後、「正しい」「間違っている」を、「論理学」と呼ばれる学問でよく使う「真である」「偽である」という言葉で表現することにします）。

「ｐまたはｐでない」は必ず真である。

ｐの位置にはどんな命題が入ってもよいと考えてください（ただし、二箇所のｐに入る命題は同じでなければなりません）。今の例で言えば、ｐの位置に「邪馬台国は九州にあった」が入ると「邪馬台国は九州にあった。または、邪馬台国は九州になかった」となり、「21世紀中に女性が日本の首相になる」が入ると「21世紀中に女性が日本の首相になる。または、21世紀中に女性が日本の首相にならない」となります。ちょっと不自然な文ですが、命題を基本単位とする論理学では、このように整理されます。

これと同様のことを次のようにも言い換えられます。

すべての命題は必ず真か偽かのどちらかである。

このように表現した場合は、「二値原理」と呼ばれます。ある命題が真（偽）であることを、その命題は「真（偽）」という「真理値」をもつ、という言い方を論理学ではよくするので、真理値は真と偽の二つしかない、という意味で「二値原理」と呼ぶのです。先ほどの例を言い換えれば、「『邪馬台国は九州にあった』は真か偽かのどちらかである」「『21世紀中に女性が日本の首相になる』は真か偽かのどちらかである」となります。

テイラー自身は「排中律」という言葉を用いながら、どちらかといえばこちらの「二値原理」に沿った仕方で次のように説明します（文中の「時制」とは、過去形、現在形、未来形の区別を表す用語です）。

〈どんな命題であれ、つまりそれが自分自身についての命題であろうが何か他のことについての命題であろうが、その命題は真であるか、さもなければ偽、つまりその命題の否定が真、である。その中間はない。この原理はしたがって適切にも「排中律」と呼ばれる。それはその命題がたまたまどの時制によって表現されているかとか、人間であれ神であれ、誰かがその命題が真であるか偽であるかを知っているか、ということは何の関係もない〉。

たしかにたとえば「明日の深夜、私の研究室にはゴキブリがいるだろう」ということが真であるかどうかはおそらく誰もわかりません。しかしそれは、過去についての命題たとえば「昨日の深夜、私の研究室にはゴキブリがいた」という命題についても同様です。しかし仮にそうだとしても、そのこととはまったく無関係に、いずれの命題も真であるか偽であるかのどちらかなのです。たまたま誰もそのいずれであるかを知らないだけです。排中律や二値原理が普遍的な論理法則である以上、その命題がどのような内容のものであれ、その法則は成立するはずです。したがって、それが過去命題であろうが未来命題であろうが、その真偽が知られている命題であろうがなかろうが、論理法則の成立には何の関係もないのです。

そして、誰かの人生について述べるどんな命題も真か偽かのいずれかなのですから、それらのうちの真である命題だけから成る集合があることになります。たとえば、「A氏は2003年に大けがをする」という命題が真であれば、その命題はその集合に入っています。入っていなければ、「A氏は2003年に大けがをしない」という命題が入っているはずです。このようにして、A氏の人生の各時点でのできごとについて述べる命題の一つ一つについて、その肯定命題と否定命題のうちのどちらかが必ずその集合に入っていることになります。

とすれば、A氏の人生はその集合に入っている諸命題によって記述され尽くしていることになるでしょう。そしてたしかに、A氏の人生はそのとおりに進行していくのです。つまり、誰についても、その全生涯中に起きる事柄について正しく記述する命題の集合が存在し、その人はそのとおりの人生を送ることになります。誰も真であることを真でなくすることはできないからです。誰も論理法則には逆らえないのです。

以上が、テイラーによる宿命論の証明の概要ですが、これに対応する方法としては、次の三とおりがあるでしょう。

（1）常識には反するが、テイラーによる宿命論の証明を全面的に承認する。すなわち、正真正銘の宿命論者になる。

（2）テイラーの宿命論の証明はいちおう承認する。しかし、その上で、それを承認したところで何の問題もないことを示す。つまり、その宿命論は空虚な主張しか行っていないと考える。

（3）テイラーの宿命論を正面から論駁する。つまり、テイラーの宿命論は意味のある主張を行っている事を認めた上で、その証明のどこが誤っているかを示す。

第一章（48頁）でも紹介した大森荘蔵は、『言語・知覚・世界』という論文集の中の「決定論の論理と、自由」と題する論文において、宿命論に対して上の（2）の選択肢に近い対応を取りました。これに対してテイラーは、先ほど紹介したとおり、宿命論を採用することは後悔のない平穏な人生を送ることにつながる、と主張したのでした。このテイラーの主張には疑いの余地があります。しかしテイラーは別の箇所で、宿命論者のことを「未来について過去とまったく同様に考える者だ」とも形容しています。もしもそうだとしたら、少なくともどのような意味で「まったく同様」なのかをはっきりさせない限り、空虚だとしてただちに承認できるような主張ではないでしょう。

実際、テイラーが提示したオズモの物語は、私たちが過去の世界に対して感じている実在感、無力感を非常に効果的に確認させるものでした。つまり過去の世界とは、私たちの知識の有無とは無関係に確定している、もはやどうにもできない世界であり、それについて正しく記述する命題すべてを要素とする集合がたしかに厳然と存在するように思われます。したがってオズモが発見したような、過去のすべてのできごとを記述した書物も原理的には存在可能でしょう。

これに対して、未来は過去と違うと私たちは漠然と信じています。しかしテイラーは、その信念の漠然さを突いてきます。「真である命題の確定性は、排中律という論理法則によって保証されるものだ。にもかかわらず、なぜその適用を過去命題にだけ限定して未来命題には適用しないのか。無時間的な論理法則によって保証される確定性を、過去と未来の時制の相違だけを理由として前者にしか許容しないことにどのような根拠があるのか」と私たちに問いかけてくるのです。たしかに、現在という時点は世界の長い歴史の中の瞬時的な一点にすぎず、私たちはたまたまその一点に存在する偶然的な存在者にすぎません。そのような私たちがどのような特権を持って世界を過去と未来に二分し、無時間的で必然的な論理法則からの帰結である真命題の確定性を前者だけに許容するのか、と詰め寄ってくるわけです。

ここで興味深いのが、ダメットとの比較です。彼らはどちらかというと逆方向の主張をしています。ダメットは、過去のできごとだって引き起こせるという点で「実は過去も未来と同様だ」と主張するのに対し、テイラーは逆に、未来のできごとだって決定しているという点で「実は未来も過去と同様だ」と主張しているからです。しかしその根底においては、結局、未来と過去とは同様だと考える点で共通しています。というのも、「同じ構造を持った議論に登場する主張がたまたま過去形か未来形かという時制の相違だけで、どうして一方においてだけその証明が成立し、他方では成立しないと考えるのか」という形で二人とも私たちに説明を要求しているからです。もしも彼らに反論するのだとしたら、その要求に答えられるような形で過去と未来の相違をはっきりさせなければならないでしょう。

そして振り返ってみれば、実は〈『ターミネーター2』の謎〉はいずれも、そこで行われたタイムトラベルが過去へのタイムトラベルであったということによって生ずるものです。もしもそれが未来へのタイムトラベル（より正確には、過去へのタイムトラベルを一度も含まないようなタイムトラベル）であったとしたら、時間の輪も逆向き因果も発生しませんし、宿命論の成立を認める必要もありません。だとすれば、なぜ過去へのタイムトラベルだけにそうした謎が生ずるのか、それらの謎を伴う過去へのタイムトラベルはそもそも可能なのか、などと問うことは、結果として、そのような謎を伴わない未来へのタイムトラベルとの相違は何なのか、という形で過去と未来との相違の意味を問いかけていくことにつながるでしょう。

6　過去と未来の相違

その翌日、私が担当する「哲学入門」の授業を「過去と未来の相違」というテーマで行いました。前日思い当たった〈『ターミネーター2』の謎〉のいくつかを簡単に紹介し、それらの謎が過去へのタイムトラベルにのみ生ずるものであることを説明した後、各学生にメモ用紙を配布して次の問いに対する答えを書いてもらいました。

「過去と未来の最も根本的な相違は何か?」

比較的早く書き終わった学生の用紙をいくつかピックアップしてみたところ、次のような答えがありました。

例1：時間的な意味での前後関係。
例2：因果関係のある二つのできごとのうち、原因である方が過去とされ、結果である方が未来とされる。
例3：過去のことは経験したことがあるが、未来のことはまだ経験していない。
例4：正確に知ることができるかできないか。
例5：未来は変えられるが過去は変えられない。
例6：まだ起きていないこととすでに起こってしまったという違い。過去はもう起きたことなので存在するが、未来はまだ起きていないので現時点では存在しない。
例7：すべてのものは常に現在に存在している。過去へ向かうことは現在に逆らうことであり、未来へ向かうことは現在に従うことである。

過去と未来というごく日常的な概念の認識に関してこれだけの相違が現れることも興味深いですが、答えはおおよそ次の三種類に分かれると考えてよいでしょう。

（a）過去と未来の相違を何か他の客観的相違の一例だと考えるタイプ：例1、2

（b）過去と未来の相違を人間の認識や行為との関係で捉えるタイプ：例3、4、5、（7？）
（c）過去と未来はその存在性格自体に関して根本的に異なると考えるタイプ：例6、（7？）

これらの答えを皆に提示した後、特に例2と例5を引き合いに出しながら、先ほどのダメットによる逆向き因果の可能性の証明とテイラーによる宿命論、およびそれらへの可能な対応方法を紹介しました。もはや授業の終了時間が迫っていたので詳しい考察は次週に残し、「とりあえずこの二つの議論に対して感じた疑問があれば述べてください」と述べて質疑応答に入りました。すると、結果として「排中律」に疑問が集中しました。

Cさん「ロンドンの宿命論は、議論の最初におかれている排中律の段階で、すでに未来の確定性を前提としてしまっているのではないでしょうか」。

私「ははあ、怪しいところをしっかり突いてきますねえ。そう、ダメットはそれを宿命論の証明として紹介していますが、あの議論は通常、『もしも宿命論が正しいとしたら、私たちに自由はない』ということの証明として用いられることが多いようです。つまり、最初の前提となっている『あなたは爆弾で殺されるか殺されないかのどちらかである』が宿命論の主張、つまり『あなたは爆弾で殺されるか殺されないかのどちらかであるかがすでに確定している』という主張だと考えて、そこから『あなたが予防策をとることには意味がない』という帰結、つまり『私たちがどのようなことを行っても結局は宿命から逃れるすべはないのだから、私たちの行為はすべて無意味だ』という意味で私たちの（宿命からの）自由を否定する結論を導く議論だとされることが多いんです。

この点に関しては、二つ問題があると思います。一つは、排中律の事例となっているような命題を主張することは、本当に確定性を含んだ主張をすることになるのだろうか、ということです。たとえば、『明日雨が降るか降らないかのどちらかだ』ということにはおそらく皆さんも同意しますよね。でもその場合、そのどちらかであるかが現在すでに確定している、という意味では考えていないでしょ？　そして当然この点は、テイラーの宿命論が妥当なのかどうか、ということにも直接かかわってきますよね。彼は文字どおり排中律が確定性を含んでいると考えて、排中律だけから宿命論を導いたのですから。そしてCさんもまさしくそう考えたことになります。

もう一つの問題は、仮に排中律の事例となっている命題が当該のできごとの確定性を含意しているとしても、果たしてそこから『私たちの行為はすべて意味がない』という帰結を導けるか、ということです。たとえば『私が爆弾で殺されないことが現在確定しているとしても、なぜ殺されないと確定しているかといえば、これから私が行う予防策が有効に働くことが確定しているからかもしれない。したがって、私の予防策が余計だということにはならない』というように考えられるかもしれません。だとすれば、ダメットの議論は、仮に『あなたは爆弾で殺されるか殺されないかのどちらかだ』という第一前提が確定性を含意していると解釈したとしても通用するとも考えられますし、また大森のように、その帰結は空虚なものでしかない、と考えることもできるでしょう。これに対して、テイラーは、現時点でそのどちらかが確定しているということは十分に意味のある主張であり、それを認めることは、何か重要な意味で私たちが自分の行為に内在すると信じている力を失わせることになると考えているわけです。

皆さんもそうじゃないですか？　たとえばこの授業で自分が、単位が取れるかどうかがすでに確定しているということを本気で信じていると仮定してみてください。『本気で』というところが重要ですよ。その上でなおかつ、真剣に勉強する気になると思いますか？　本当に確定しているのだとしたら、やっぱり何をしたってそのとおりになるのだから、どうだっていいやって気になると思いませんか？　そして実は自分の人生に起きるすべての事柄が最初から決定しているとこれも本気で信じたとしたら、やはり何か重要な意味で世界観が変わるのではないでしょうか。そもそもそんなことを本当に本気で信じられるでしょうか？」

Dさん　「『明日雨が降るか降らないかのどちらかだ』という命題が明日の降雨について確定性

を含んだ主張をしていないのだとしたら、それはどういう主張だということになるんでしょうか。なぜそれは真だと言ってよいんでしょうか」。

私「はあ、実はそれも微妙な問題なんです。確定性を含めなくても明日雨が降るか降らないかのどちらかだ』と主張してよいと私たちが考えるのはおそらく、その命題を『明日雨が降るか降らないかは、明日になればそのどちらであるかが判明する』という意味で考えているからだと思います。つまり、現在どうであるかはその命題の真偽には関係がなく、明日どうであるかによって真偽が決まる。したがって明日になるまで待てば必ずいずれであるかを確認できる、ということを排中律は保証しているのだと解釈するわけです。

しかしこれにもやはり二つ問題があります。一つは、仮にそのように解釈したとしても、本当に確定性を含まない主張となっているだろうか、ということです。『明日雨が降るか降らないかのどちらかだ』という命題は、『〝明日雨が降る〟という今日行った主張が真であったということを明日確認できるか、逆に〝明日雨が降らない〟という主張が真であったと確認できるかのどちらかだ』ということを表しているのだとしたら、結局その場合も、どちらと確認できるかがいま確定している、という主張を行うことになってしまうのではないか、という疑問は残ります。現時点で何か未来についての主張を行う以上、それは現時点でその未来のできごとが確定しているという意味をどうしても含まざるを得ないのではないのでしょうか。それを抜きにしてなおかつ未来について何かを『主張』していると言い得るでしょうか。

もう一つのもっと大きな問題は、この考え方は未来命題には通用しても過去命題には通用しないということです。たとえば『昨日雨が降ったか降らなかったかのどちらかだ』という命題について同様に考えれば、この命題は、そのどちらであるかは『昨日確認できる』ということになりますが、当然の事ながら、『昨日になるのを待って確認する』ということはできません。昨日についての命題の真偽は昨日において確認しなければならないのだとしたら、もはや手遅れです。昨日は過ぎ去ってしまっているからです。つまり過去命題とは、原理的に絶対そのとおりの形では確認しようがない命題なのです。結果として、現在残っている何らかの証拠、つまり大多数の人の記憶とか地面が濡れているという痕跡とかによって確認するしか方法はありません。そうだとしたら、すべての過去の事柄についてそれが起きたかどうかが確認できるとは言えないですよね」。

Dさん「でもそれは、ただ私たちには確認できない、というだけで、たとえば神様とか、あるいはまさにタイムトラベラーとかだったとしたら、そのどちらであるかが確認できる、というのではいけないのですか？」

私「ええ、過去命題と未来命題の両方に排中律を平等に適用するのだとしたら、そのように考えざるを得ないでしょうね。しかし、そのとたん、テイラーの宿命論の餌食です。彼のポイントは、まさしく命題が真であるか偽であるかは私たちの能力とはまったく無関係に定まっているということです。その比喩的な表現が、〈たとえば時間に超越的な神様にしてみれば、過去も未来も関係なく時間上のすべてのできごとが平等な資格を持って一様に確定しているはずだ〉となるわけです」。

Eさん「じゃあ、やっぱり過去命題には排中律は適用できるけれど、未来命題には適用できないと考えるしかないんじゃないですか？　それでどうしていけないんですか？」

私「うん、実際そのように考えて排中律が成立しないような論理学の体系を作った人もいます。現代では、論理というのは必ずしも普遍的に一つに定まるようなものではないと考えられているんです。でもEさん、他の人に向かって『昨日雨が降ったか降らなかったかのどちらかである』は正しいけれど、『明日雨が降るか降らないかのどちらかだ』は必ずしも正しくないって本当に堂々と言えますか？」

Eさん「えへへ……」。

私「それから、この立場を取るのだとしたら、結局、ダメットやテイラーの問いかけに対して答えなければなりません。なぜ過去と未来の違いだけで排中律の適用を過去命題だけに限定するのか、ただ宿命論を避けるためだとしたらどう考えても本末転倒な話だ、ということになってしまうからです。宿命論とは独立な何か別の本質的な理由を挙げなくてはならないでしょう。しかもこれは排中律というもっとも基本的な論理法則にかかわることですから、それを否定するためにはよほど大きな理由でなければなりません。それを挙げるというのはとっても難しいことでしょうね。まあでも、冒頭に紹介した皆さんの答えが何かヒントになるかもしれませんね。そのあたりから来週考えてみることにしましょう」。

7　可能性としての未来と必然性としての過去

過去と未来の非対称性を根拠としてダメットやテイラーの議論を論駁していくのだとしたら、過去と未来の相違に関する学生たちの答えのうち、（c）のタイプ、つまり「過去と未来はその存在性格自体に関して根本的に異なると考えるタイプ」が最も有望でしょう。（a）の「過去と未来の相違を他の客観的相違の一例だと考えるタイプ」は、基本的に過去と未来はそれ自体としてはたいして相違はないと考え、その相違を他の関係に還元してしまう考え方ですし、（b）の「過去と未来の相違を人間の認識や行為との関係で捉えるタイプ」は、特にテイラーの議論にはまったく通用しないからです。

まずは「例6：まだ起きていないこととも う起こってしまったという違い。過去はもう起きたことなので存在するが、未来はまだ起きていないので現時点では存在しない」から考えてみましょう。この意見は、私たちが漠然と感じている過去と未来の相違をよく表していると思いますが、もう少し具体的に述べ直した上で、その哲学的意味合いについて検討してみましょう。

学生たちの解答のうちの「例1」のように、過去、未来というとどうしても私たちは時間的前後関係に引きつけて考えがちです。しかしそれをどちらかというとできごとの完了、未完了などを表すアスペクトに重点をおいて考えてみましょう。すると、ある時点tにおける〈過去のできごと〉とは、時点tにおいて「すでに起きた」「もう終わった」と言えるできごとであり、〈未来のできごと〉とは、「まだ起きていない」「まだ始まっていない」と言えるできごとだと考えられます（この「時点」は、何かに相対的であってもかまいません）。未来のできごとは「まだ起きていない」以上、ひょっとしたら起きないかもしれません。つまり、少なくとも時点tでの可能性として「起きない」ということを含んでいます。これに対して、時点tで「すでに起きた」と言えるできごとにはもはや「起きない」可能性はありません。なぜなら、「起きた」と言えるためには少なくともどこかの時点において「起きている」と言えなければならないからです。起きてもいないできごとが終わるということはあり得ないでしょう。

そして、時点tにおける現在のできごとが、時点tにおいて「起きている」「もう始まったがまだ終わっていない」と言えるできごとだとするならば、少なくとも過去のできごとは、それが「起きている」どこかの時点が存在する、と時点tにおいて言えるという点で、時点tにおける現在のできごとと共通しています。そして過去のできごとの場合は、それだけでなく「すでに起きた」「もう終わった」と言える時点も存在しますが、現在のできごとについては、それが存在するかどうかはまだわかりません。ひょっとしたら永遠に終わらないかもしれないからです。

これらの違いを次のようにも言い表せるのではないでしょうか。未来のできごとは、まだ始まっておらず、起きないことを可能性として含んでいる以上、それはあくまでも現時点ではまだ単なる可能性にとどまっている「可能的なできごと」だと言えます。*(8) これに対して過去のできごとは、終わってしまっている以上、それが起きないことは現時点ではもはやあり得ないという意味で、現時点では「必然的なできごと」だと言えるでしょう。そして現在のできごとを、可能的なできごとから必然的なできごとへと変化する最中にあるできごととして考えるならば、それはそうした変化という一種の動き、働きを伴ったできごとだという点で「アクテュアル（actual）なできごと」だと言えるでしょう。「アクテュアル」とは、「働く、作用する」という意味の"act"から派生した言葉だからです。日本語では通常「現実的な」と訳されます。

あるいは、今述べた過程を、可能的なできごとが「実現する（realize）」あるいは「現れる

（appear）」過程だとも言い表せるでしょう。したがって、実現したできごと、つまり過去のできごとは「実在する（be real）」けれども、また実現していない未来のできごとは、可能性として存在するだけであって実在するとは言えないということになるでしょう。

もしもこのように考えてよいのならば、ダメットやテイラーのように、ある議論について「なぜ過去か未来かの違いだけで、議論が一方だけにおいて成立し、もう一方では成立しないと考えてよいのか」という問いかけに対して答えを与えられることになるでしょう。なぜなら、過去形による主張と未来形による主張は、今述べたように、前者が必然的なできごとについての主張であるのに対し、後者が可能的なできごとについての主張であるという点で、まったく質の異なる主張だと言えるからです。両者は、ある時点より以前にあるか以後にあるかという時間的位置関係だけが異なる同等のできごとに関する主張間の相違なのではなく、そもそも実在するできごとに関する主張であるかそうでないかという根本的な相違を含んでいるのです。この場合、答えるべき責任はダメットやテイラーに移ります。なぜなら、今度は私たちが逆に「過去形と未来形という根本的相違があるにもかかわらず、なぜ両者を同様に考えてよいのか？」と彼らに問いかけることができるからです。

しかし、これに対してもやはり彼らは動じないかもしれません。彼らは次のように主張するかもしれないからです。

〈たしかに、過去形による主張と未来形による主張との間には、ひょっとしたら私たちが思っていたよりも大きな相違があるのかもしれない。しかし仮にそうだとしても、その相違の大きさは、排中律という論理法則の適用可能性にまで影響するような大きな相違だといえるのか？ そもそもあなたが今述べたような意味での「必然的なできごと」についての主張と「可能的なできごと」についての主張の相違は、論理のレベルではどのような違いをもたらすことになるのか？ また、宿命論や逆向き因果の議論において具体的にどのような相違が生ずるのか？〉

これに答えることはとても難しいと思いますが、できるだけ回答を試みてみましょう。次のようには言えないでしょうか〈「論理的真理」とは、論理法則の具体的事例であるような命題だと考えてください〉。

〈「明日雨が降るか降らないかのどちらかである」は論理的真理だが、「昨日雨が降ったか降らなかったかのどちらかである」は単なる論理的真理のみならず、さらにそれ以上のことも主張している〉。

この立場は、「論理的真理」という点に関しては、ダメットやテイラーの主張するとおり、過去命題であるか未来命題であるかは関係ない、ということを認めます。しかしその上で、「排中律の事例となっている論理的真理は決してできごとの確定性を含意しない。それを含意するのは過去命題だけであり、それは排中律とは別の理由によるのである」と主張する戦略によって、彼らの議論に対抗していくのです。

しかしこの戦略を成立させるためには、「論理的真理」の意味を少し弱めてやらなければなりません。過去命題と未来命題に平等に適用してもテイラーが主張するような宿命論を帰結しないような意味で「排中律」が成立する、と言えなければならないからです。そのため、まず「二値原理」を次のように弱めます。

すべての命題は、もし真理値を持つのならば、真か偽かのいずれかである。

つまり、たしかに真理値は「真」「偽」の二つしかなく、また命題が真理値をもつならば、そのどちらか一方しか持たないけれど、ときに命題は真理値を欠く場合がある、と考えるのです。たとえば、「明日雨が降る」という命題は、真偽いずれの真理値も持っていない場合があり得るということになります。そして「未来命題は可能的できごとについての主張である」とは、「未来命題は真理値を持たない場合もある」ということだと考えられます。したがって、未来形による主張は、その主張された命題が真理値を持つならば、という条件付きでの弱い主張だと言えます。これに対して、過去形による主張は、その主張された命題が真理値を持っているということを前提として含んでいる強い主張だと考えられます。

その上で、論理的真理を次のように定義します。

論理的真理とは、真理値を持つ場合には必ず真であるような命題である。

すると、たとえば排中律は、命題pが真理値を持たないために結果として「pまたはpでない」も真理値を持たないことがあるとしても、決して偽になることがない限り、論理法則であると言ってよいことになります。

この戦略がひょっとしたら有望かもしれないと思われる一つの理由として、「昨日雨が降ったか降らなかったかのどちらかである」が、実は必ずしも「pまたはpでない」という形式の文ではないかもしれない、ということがあります。まず未来命題について考えると、これは特に日本語の場合はっきり現れることなのですが、私たちは未来のことを必ずしも未来形で主張しません。先ほどの「明日雨が降るか降らないかのどちらかである」が良い例です。これがたとえば英語であれば、"It will or will not rain tomorrow."という形で"will"という未来形を表す助動詞を通常伴っており、それを直訳すれば、「明日雨が降るであろうか降らないであろうかのどちらかである」ということになります。

しかし、ここではとりあえず日本語にこだわってみると、「明日雨が降るか降らないかのどちらかである」は、pを「明日雨が降る」と考えれば、「pまたはpでない」という形式の命題として自然に解釈できます。これに対して「昨日雨が降ったか降らなかったかのどちらかである」は、「昨日雨が降った」を〈「昨日雨が降る」＋「た」〉として、「昨日雨が降らなかった」を〈「昨日雨が降らない」＋「た」〉として解釈できます。そして、過去命題が先ほど述べたようにある種の必然性を表しているのだとしたら、「た」がその必然性を表す表現だと考えられます。すると、「昨日雨が降る」をqで表すと、「昨日雨が降ったか降らなかったかのどちらかである」は、むしろ次のような形式をしているとも考えられます。

「〈q〉は必然的である、または、〈qでない〉は必然的である」。……①

そしてこの場合の必然性とは、qによって主張されている事柄が「もはや成立しないことはあり得ない」ということを表す必然性なのですから、「〈q〉は必然的である」とは「命題qは真理値を（必ず）持っている」ということだと考えられます。そして通常、①が真であるならば「qまたはqでない」も真であると言えます。つまり、「昨日雨が降るか降らないかのどちらかである」も「明日雨が降るか降らないかのどちらかである」と同じように真だと言えます。そしてその理由はおそらく、それらがともに論理的真理だからです。しかしそれらが論理的真理であるからといって、「昨日雨が降ったか降らなかったかのどちらかである」が必ずしも真であるとは言えません。「qまたはqでない」が真であることから①が真であることを導くことはできないからです。それが真であるとすれば、「た」で表されるような意味での必然性を成立させる何か他の要因が成立しているからだということになるでしょう。

この考え方には、このままでは色々問題があります。たとえば、今述べたように、昨日のできごとについて「昨日雨が降る」と過去形を用いないで主張したり、逆に明日のできごとについて「明日雨が降った」と過去形を用いて主張したりすることも原理的には可能であることになります。つまり、時間的前後関係と時制とは原理的には連動しないということを認めなければなりません。これはいかにも異様に思えますが、たとえば1日前に旅行したタイムトラベラーであれば、出発前に「昨日雨が降る」と主張し、1日前に到着したときに「明日雨が降った」と主張するということは考えられるかもしれません。

また、「昨日雨が降った」が成立するならば「昨日雨が降る」も成立することになるので、過去命題が成立するときは未来命題も同時に成立することになってしまいます（その逆は言えません）。しかしこれは、もし「昨日雨が降る」が真という真理値を必ず持っている（つまり、「昨日雨が降った」が真である）ならば、「『昨日雨が降る』は、真理値を持つ場合は真である」ということも当然言える、ということを表しているにすぎません。したがって、実はこれこそが、時間的順序関係という別の要素を取り除いた、過去と未来の本来の意味なのだ、と考えることもできるかもしれません。そうでなければ、上の図式を前提とした上で過去と未来の排反性が成立するように両者の再定義を試みるということになるでしょう。いずれにせよ、これらの問題について納得できる形で説明できるかどうかがこの立場の生命線だと言えるでしょう。*(9)

もしもこの立場が成立するのだとしたら、ダメットとテイラーの議論に関しては、その第一前提となっている排中律の段階で過去命題による議論と未来命題による議論との並行性を崩すことができます。いわば「臭い匂いを元から絶つ（これは、かなり昔の消臭剤のコマーシャルのキャッチコピーです）(10)」ことができるのです。つまり、「若者たちは勇敢に振る舞ったか振る舞わなかったかのどちらかである」や「邪馬台国は九州にあったか無かったかのどちらかである」は、若者たちの振る舞いや邪馬台国に関する確定性を含んだ主張であるのに対し、「あなたは爆弾で殺されるか殺されないかのどちらかである」や「21世紀中に女性の日本の首相が誕生するかしないかのどちらかである」は確定性を含んでいないと主張する余地が生じます。前者は、「た」によって表現される意味での必然性を含んだ主張であるのに対し、後者はそれを含んでいない可能的な主張であることになるからです。

そしてこの場合の必然性とか可能性は、決して論理的な意味での必然性とか可能性ではなく、時制表現によって表されるような、世界の側の何らかの時間的な存在性格に由来するものだと考えられるでしょう。だとすれば、テイラーのように論理的真理だけから宿命論を導くことはやはりできないのです。

ダメットの議論に関しては、先ほど述べたように、仮にこれらの第一前提が確定性を含むと考えたとしても決して「私たちの行為は無意味である」という帰結を導くことはできない、と考える余地が残っています。実はこの問題は、古来論じられているにもかかわらず答えが一致しない哲学的問題の代表例として有名な「決定論（宿命論）と自由の関係」という難問に直結します。宿命論と自由が両立すると考える大森のような「両立論者（compatibilist）」と、両立しないと考えるテイラーのような「非両立論者（incompatibilist）」との間で、永遠に終わりそうにない論争が繰り広げられているのです。この問題に入り込むと、また別の本を一冊書かなければなりません。私としては、少なくとも現時点では自分は非両立論者であると宣言します。それによって、排中律が確定性を含んでいてもそれ以後のダメットの議論に影響はないと考える余地を排除することにします。

8　私たちが過去へ行けない理由……その1

過去と未来の相違を今述べたように考えたとき、タイムトラベルの謎に関してはどのような帰結がもたらされることになるのでしょうか。実は、ある前提を認めると、少なくとも謎を引き起こすような過去へのタイムトラベルは私たちには不可能である、ということを比較的簡単に証明できてしまいます。

先ほどの考察の中で、「過去は実在するが、未来は実在しない」ということを導きました。この発想に基づいて、次のように考えてみましょう。

任意の二つの時点ｔ、ｓについて、ｔよりも後にｓを経過する個体が少なくとも一つ存在するとき、時点ｔでの世界には時点ｓは実在しないが、時点ｓでの世界には時点ｔは実在する。

……前提Ａ1

まず、この場合の「時点ｔは実在する」とは、「時点ｔで起きているできごとについて述べる命題はすべて真理値を持っている」ということだと考えます（この場合の「時点」も、観測系などに

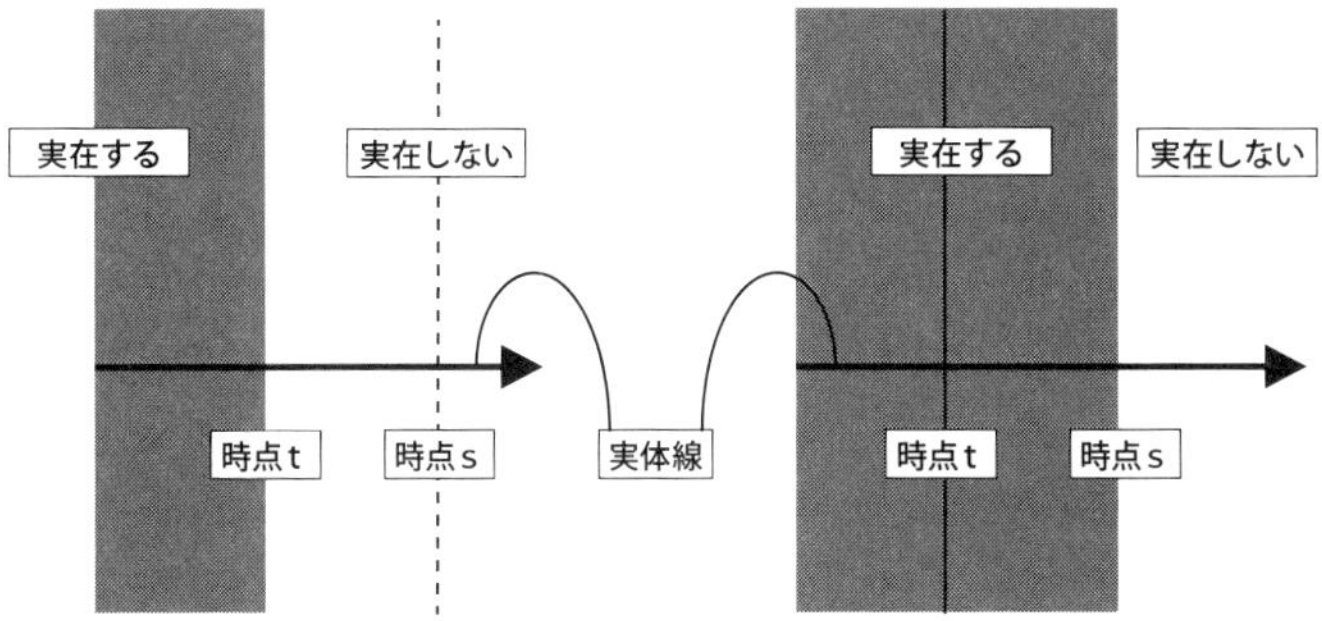

図28　実体線と実在

相対的であって構いません）。さらに、この場合の「tよりも後にsを経過する」における「より後」の意味は、その個体にとっての順序だと考えてください。特にタイムトラベルについて考える場合、各個体が経験するできごとの時間的順序と客観的世界での時間的順序が必ずしも一致しません。そこで、前者に即した時間的順序を、その個体の「固有時間」における順序、と呼ぶことにします。

その上で、このような個体が存在する場合は、時点tにおいては、時点sは未来の世界の一部なので、時点sは時点tの段階では実在しないが、時点sにおいては、時点tは過去の世界の一部なので、時点tは時点sの段階では実在する、と考えるわけです（図28）。

また、この場合の個体とは、ある時点で発生・誕生し、一定期間存在した後に通常はある時点で消滅する持続的な個体を表します。つまり、たとえばレオナルド・ダ・ヴィンチ、彼の作品「モナリザ」、忠犬ハチ公、富士山、エッフェル塔、

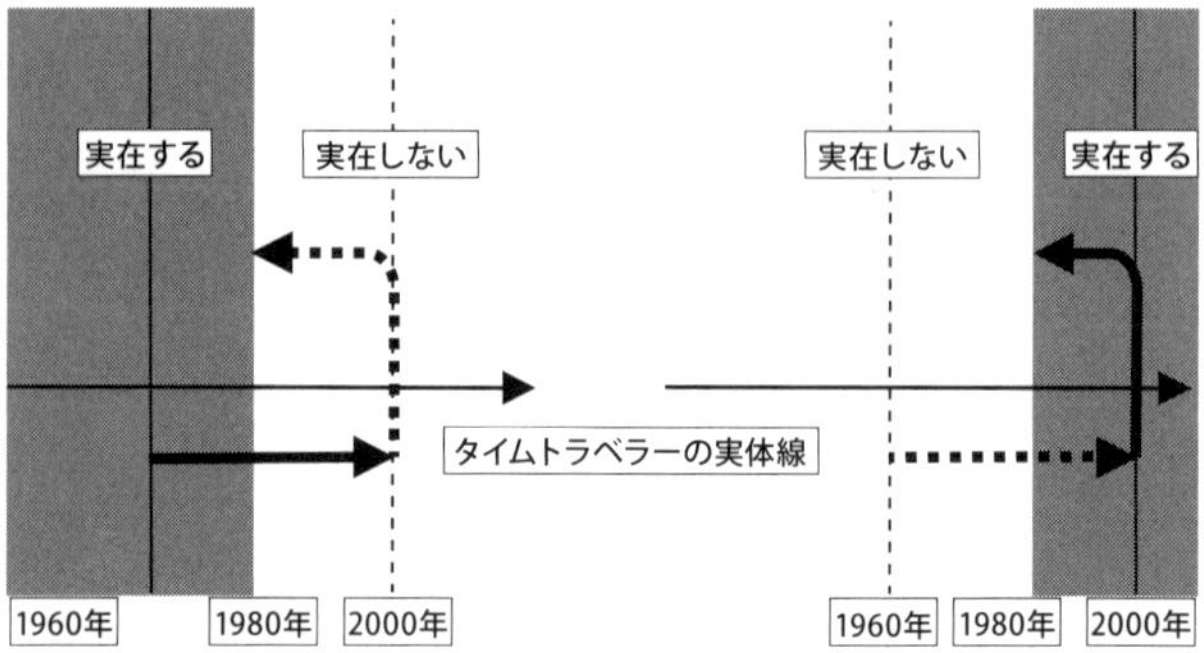

図29　過去へのタイムトラベルによる矛盾

（特定の）水素分子、（特定の）ニュートリノなど、いわゆる「もの（者、物）」と呼ばれる具体的対象全般のことですが、哲学の世界では「実体（substance）」と呼ばれることが多いので、以後そう呼ぶことにします。また、実体の固有時間を図表上で表す線を「実体線」と呼ぶことにします。

もしも前提A1が成立するならば、何らかの実体が、ある時点sを出発して、それ自身が存在する、それ以前の時点tへとタイムトラベルすることは不可能であることになります。たとえば、1960年に発生し、少なくとも2000年までは持続していた実体が、2000年の時点でタイムトラベルによって1980年に行くということは不可能です。なぜならばその場合、前提A1によって、1980年の段階で2000年が実在すると同時に実在しない、という矛盾が生じてしまうからです。なぜ実在するかといえば、その実体が2000年から1980年へとタイムトラベルしているので、1980年の段階では2000年が実在するということにな

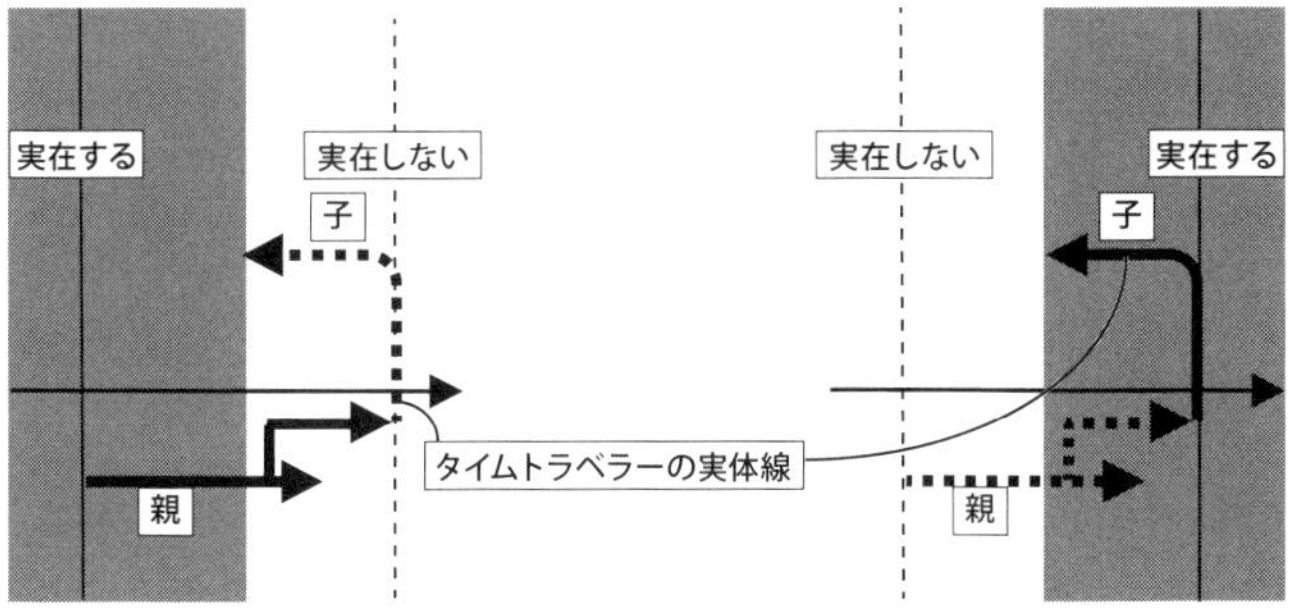

図30 実体連鎖による矛盾

るからです。逆になぜ実在しないかといえば、その実体はタイムトラベルする２０００年より以前に１９８０年を経過しているので、１９８０年の段階で２０００年は実在しないということになるからです（図29）。

ただ、この証明によって不可能とされるタイムトラベルは比較的限られたものになってしまうので、それによって回避できる謎も、たとえば幼い頃の自分を殺すとか、幼い頃の自分に何かを渡すといったことによって生ずる謎に限定されます。しかし実体間の依存関係を利用してその範囲を拡張することは容易です。たとえば、実体Ａが子で実体Ｂがその親である場合、その両者のリレー関係によって実体の連鎖Ｂ―Ａが成立すると考えられます。さらにこの実体連鎖は、実体Ｂの親である実体Ｃへとつなげてあらたな実体連鎖Ｃ―Ｂ―Ａを作る、という操作によってどんどん延伸していくことができます。そこで、先ほどの前提Ａ１を次のように修正しましょう。

任意の二つの時点ｔ、ｓについて、ｔよりも後にｓを経過する実体連鎖が少なくとも一つ存在するとき、時点ｔでの世界には時点ｓは実在しないが、時点ｓでの世界には時点ｔは実在する。……前提Ａ２

これによって、自分が生まれる以前の時点へタイムトラベルして自分の親や祖先を殺そうとすることに伴う謎や、自分の祖先に何かを手渡すことによって生ずる時間の輪の謎なども解消されることになります（前頁図30）。したがって、前提Ａ２さえ認めれば、少なくとも謎を引き起こすような過去へのタイムトラベルは不可能であることが、意外にあっさりと証明できてしまうわけですが、問題は、果たして前提Ａ２を認められるかどうか、また認めた場合、それによって証明される過去へのタイムトラベルの不可能性とはいかなる意味の不可能性なのか、ということになります。

先ほど述べたとおり、前提Ａ１・Ａ２は、「過去は実在するが未来は実在しない」ということをその発想の基本としています。前提Ａ１・Ａ２においては、まず何らかの実体（連鎖）を前提した上で、その固有時間上のある時点よりも以前の部分でのできごとが過去のできごとであり、その時点より以後の部分でのできごとが未来のできごとであると考えたわけです。したがってまず問われるべきは、「過去は実在するが未来は実在しない」という発想そのものが妥当であるか、そしてその場合、実在性に関する過去と未来のそのような非対称性を、実体（連鎖）に即して捉えることが妥当であるか、ということになるでしょう。

私としては、まずこれまで述べてきた議論をもって「過去は実在するが未来は実在しない」ということの正当化としたいと考えます。それは一言で言えば、時制というものを、単なる時間的前後関係の規定としてではなく、時間的な意味での可能性や必然性などを表す一種の「様相（modality）」として捉えるべきだ、という主張です（「様相」とは、可能性・現実性・偶然性・必然性などを総称する哲学用語です）。そのように捉えることによって、たとえば宿命論に対しては、過去のできごとと同質の存在性格を持つできごとがたまたま現在より後に位置しているということだけによって非決定性がもたらされるか否かを問う、というその図式設定自体に問題があるのであって、むしろ過去のできごとと未来のできごとの存在性格が根本的に異なることを議論の出発点とすべきであることを指摘したのです。

そして、そのような必然性・実在性としての過去、可能性・非実在性としての未来という発想の根源にあるのは、一つの個体として持続的に存在する自分自身の歴史というものを考えてみたとき、それは、誕生時と死亡時という境界点を除けば、誕生時から現在に至る確定的で実在的な部分とそれ以後の不確定で可能的な部分との二つの部分によって常に構成されている、という実感であろうと私は考えます。それが、前提Ａ１・Ａ２のように実体に即した形で過去と未来を規定した理由です。

ここで強調したいのは、その実感とは決して主観的なものでもなければ、また単に意識現象にのみかかわるようなものでもない、ということです。その実感とは、それが精神的な側面を含んでいようがいまいが、まさに一つの個体として持続的に存在するものであればどんなものであれ、今述べたような過去と未来の非対称性がそこでは成立しているはずだという実感であり、その意味で、その実感に基づいた主張は、客観的レベル、存在するもの全般にかかわる（「存在論的な」と呼ばれます）レベルでの主張だと言えます。したがって、時制表現によって表される必然性や可能性などの様相も、客観的・存在論的な様相です。「過去へは行けない」という場合の不可能性も、そうした存在論的な様相に由来する不可能性であることになります。

まとめていえば、少なくとも一つの対象が持続的個体として時間の中に存在しているという存在論を、そうした個体に通常私たちが付与している時間的存在性格とともに採用する限り、その対象が（謎を引き起こし得るような）過去へ行くことを想定することはできない、ということです。したがって、何かが過去へ行けると考えるとすれは、少なくともこの主張のどこかの部分を否定することになるでしょう。

つまり、持続的な個体が一つも存在しないような世界、あるいは、それが存在するにしても私たちにはまったくそのあり方が想像できないような個体（「限りなくおいしいワイン」〔本書108頁以降〕などはその一例といえるでしょう）によって構成されている世界であれば、過去へのタイムトラベルは可能であるということになります。さもなければ、おそらく過去への旅の出発時点に存在する個体と到着時点に存在する個体とが何の関係も持っていないような過去への旅のみが可能だということになるでしょう。これらの意味でのタイムトラベルを「過去」へのタイムトラベル、あるいはそもそも「タイム」トラベルと呼べるのでしょうか。もちろん呼ぶことは構いませんが、その場合の「過去」や「時間」は、少なくとも私たちがその世界での「私たちの」物語を構成できるような意味での過去や時間とは、まったく異なる何ものかであると思います。

9　私たちが過去へ行けない理由……その2

というわけで私自身は、少なくとも謎を引き起こし得るような過去へは私たちは行けないことの証明が、以上の議論によって成立すると考えるのですが、正直に言って、今述べたような「存在論的様相」という概念は、現代では評判があまり良くありません（始末の悪いことに、実は「実体」という概念の評判もそれに引けをとらないくらい悪いのです(11)）。それを認めることは、何か非科学的な要素をこの世界に持ち込むことになると考えられがちだからです。私自身は、それが非科学的どころか、科学そのものを成立させるための大前提となっていると思うのですが、哲学者の中にも存在論的様相（および実体）のような怪しげなものは世界の中からできるだけ消去したいと考えている人がたくさんいます。

そこで、前提A2に依存しないような他の証明はないかどうか、あらためて考えてみましょう。そのために、再び学生たちの回答例に戻ってみます。その中に次のような回答がありました。

例7：すべてのものは常に現在に存在している。過去へ向かうことは現在に逆らうことであり、未来へ向かうことは現在に従うことである。

この回答の前半は、現在だけが実在すると考える「現在主義」と呼ばれる立場を表明しています。これも私たちに根強い実感ですが、私自身は、実在する世界の中の特異的な部分として、つまりその場で可能性から必然性への変化が起きているアクテュアルな部分として「現在」を捉えることによって、その実感をくみ取りたいと考えます。ただ、こちらの方にはあまり踏み込まず、ここでは特にこの回答の後半部分「過去へ向かうことは現在に逆らうことであり、未来へ向かうことは現在に従うことである」について検討することにします。

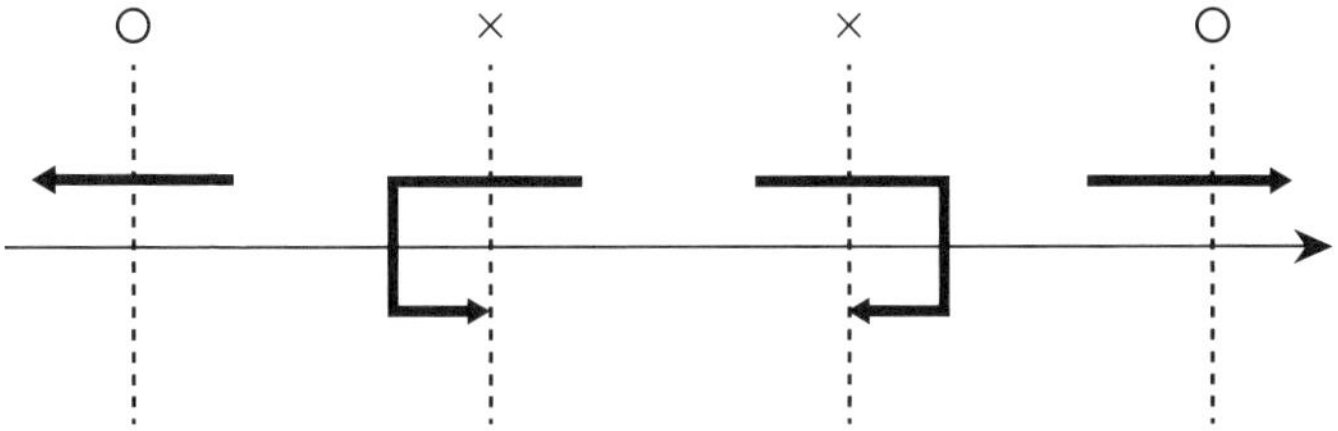

図31　実体線の屈折

この回答の中の「現在に逆らう」「現在に従う」という表現は、具体的な意味がわかりにくい、どことなく詩的な表現ですが、「過去へ行く」ということの特殊性を直観的に捉えているように思われます。その直観の意味をもう少し具体的な形で確認するために、172頁の図29をもう一度思い出してみましょう。

この図を見てわかるように、なぜ過去へのタイムトラベルが謎を引き起こすかといえば、ある実体（連鎖）が二度経過する1980年のような時点が生じてしまうからです。先ほどの証明は、そのようなことが起きるとしたら矛盾するということを前提A2から導くことによって過去への旅の不可能性を示したと考えられます。そしてこのことをもう少し一般化して考えてみると、そうした矛盾が生ずるのは、実体の固有時間を表す実体線がどこか少なくとも一カ所で屈折している場合だと考えられます。ですから、どのような方向であれ、それが一回でも屈折したら矛盾が生ずるのに対し、逆に屈折が生じない限り、仮にその方向が客観的時間の方向に逆行していたとしても、少なくともその実体線上では矛盾は生じないということになります（図31）。

「過去へ向かうことは現在に逆らうこと」という表現は、このような意味での実体線の「屈折」「逆行」こそが問題を引き起こすのだということを表したかったのではないでしょうか。そして「未来に向かうことは現在に従うことである」という表現は、通常の私たちはある意味で常に「未来に向かっている」のだということを表しているように思われます。とすれば、「未来へ行く」には通常の私たちのあり方を表す意味と、他人よりも早く未来を経験するという意味との二つの場合があることになります。

そしてその一方の場合では、「過去の世界」と「未来の世界」があって、たまたまタイムトラベルの行き先が前者であるか後者であるかの違いが「過去への旅」か「未来への旅」かの違いだ、というわけではなく、通常の私たちのあり方そのものが実は「未来へ行く」というあり方であるのに対し、それに逆行してしまうことが「過去へ行く」ということの意味なのだ、ということなのだ、と言えます。実際、先ほどの図29を見てみると、逆行した後の実体線の部分が「過去へ行く」ということを表しているのだとしたら、タイムトラベルする以前の通常の実体線の部分は、タイムトラベルをしていないにもかかわらず「未来へ行く」ということを表していると考えられるでしょう。

だとすれば、次の前提さえ認めれば、過去へのタイムトラベルは不可能であることが示せるのではないでしょうか。

任意の実体（連鎖）xと任意の時点tについて、実体（連鎖）xが時点tを二度以上経過することはない。……前提B

これは言い換えれば、いかなる実体（連鎖）といえども、それがその時々に経過している時点は、常にその実体にとって未経験の新たな時点である、ということです。あるいは、一度経験してしまった以上、その時点はもはや二度と経験できないという意味で、まさしく「取り返しのつかない」時点だということだとも言えます。そして私たちの人生がそうした取り返しのつかない一回限りの時点の経験の連続によって成り立っているということ、これこそがいわゆる「流れ去っていく時間」「時の流れ」という、時間に動的性格を見出す私たちの直観の根源にあると考えられるのではないでしょうか。

しかしこれに対して、次のような反論があるかもしれません。

〈前提Bとは、まさしく私たちが過去へ行けないということそのものを別の表現で言い表しているだけではないか。その意味で、まったく証明になっていない単なる論点先取ではないか〉。

私はこの反論に全面的に同意します。[12] その上で、もしもこれ以外に証明方法がないのだとしたら、もはや時間に関してそれ以上根拠を与えられないような最も根源的なレベルに私たちは到達しているのだということを、それは示しているのだと考えます。つまり、なぜ私たちは過去へ行けないのか、という問いは、そもそも過去へ行けないとはどういうことであるか、ということを確認することによってしか答えられない問いだったのです。一つの対象として持続的に存在する個体としての「実体」と、実体が二度経過することが不可能な何ものかとしての「時点」という、少なくとも二種類のものの存在を承認するということ、そのこと自体が、私たちが過去へは行けないということそのものを実は意味していたのです。これは、哲学するという文脈においては、「なぜ」という問いに対する答えとして決して悪い答えではないと私は思います。

ひょっとしたら面白いかもしれないけれど、まったく哲学的とは言えないエピローグ1

運命は自分で創る

その夜、性懲りもなくまたターミネーターの夢を見てしまいました。今度は、私はジョンの父親になっていました。

私はサイバーダイン社の主席研究員だったのだが、1984年に部下のダイソンの謀略によって会社から追放されてしまった。私はダイソンへの、そしてサイバーダイン社への復讐を誓った。私はまず、サラという魅力的な女性に目を付け、彼女と結ばれるために、悪漢に彼女を襲わせた上で彼女の身を守るヒーローを演ずるという、古典的な手法を用いた。ただふつうと異なるのは、その悪漢として、私が開発した101型サイボーグ、ターミネーターを用いたことだ。私はターミネーターに2029年までの架空の歴史をインプットした上で彼女を襲わせ、私は彼女の息子ジョンによって2029年から彼女を守るために派遣された兵士を演じて彼女と結ばれた。そして彼女の妊娠を確認した後に、闘いによる死を装って彼女の前から姿を消した。

その10年後の1994年、私は密かに新たに開発したT—1000型サイボーグに成長したジョン（期待どおり男児だったのは幸いだった）を襲わせ、私の代わりに101型サイボーグによって彼を守らせた。そして101型サイボーグにサラやジョンを誘導させて、ダイソンとサイバーダイン社への復讐という目的を果たした。なぜこんな回りくどいことをしているかというと、私はダイソンやサイバーダイン社に復讐するだけでなく、ジョンを人類のリーダーへと育て上げることによって、私自身が間接的に世界を支配しようと思ったからだ。

あれからさらに10年たった。これまではまあまあうまく行っている。しかし起きるはずの核戦争が起きなかったためにジョンも疑い始めているようだ。サイバーダイン社もなかなかしぶといし……。そろそろ新たなターミネーターにジョンを襲わせることにするか。彼ももう良い年頃だから、今度は女性のサイボーグにしてやろう。(13) 今度こそは核戦争も本当に起こさなければならないかな。そう、「運命は自分で創る」のだ……。

おそらく面白くはないけれど、確実に哲学的だと言えるエピローグ2

ダメットの逆向き因果論をもう少し

第二章では、もっぱら論理的宿命論との関係でのみ、ダメットの逆向き因果論について考察しました。しかしそこでの議論は、彼も述べるとおり、「過去を引き起こす」という論文の「本題」から「しばらく脱線」した部分であり、その本題である因果論的・認識論的な論点についてはほとんど触れませんでした。ここでは、その要点（少し私の脚色が加わっています）をかいつまんで紹介しておきます。

第二章で述べたとおり、ダメットは、彼が標準的と考える〈逆向き因果の本来的不合理性の証明〉については、論理的宿命論に対する反駁と並行的な論法によって反駁できる、すなわち、踊る酋長による反駁は成功する、と考えました。そこで、それとは異なる形で酋長を論駁しようとする試みについて改めて検討します。それは酋長に対して次のような形で説得しようとする試みです。

踊る酋長の例では、酋長は、若者たちが勇敢に振る舞ったかどうかがわからないまま、狩りが行われた後の二日間も踊り続けており、その踊りが若者たちの振る舞いに影響を与えると、彼は信じていたのでした。しかし、何らかの形で若者たちが勇敢に振る舞わなかったということを酋長が「知って」しまったとします。その場合、にもかかわらずあえてその後も踊ることに果たして意味があるのでしょうか。まさにそれこそ、まったく「不合理な」行為であると言えるのではないでしょうか。

そこで、そのような状況で、酋長にあえて踊ることを要求してみましょう。もしも彼がそこで実際に踊ったとすれば、それによって少なくとも、「酋長が狩りの後も踊るならば、若者たちは勇敢に振る舞う」という命題は否定されることになるでしょう。しかしひょっとすると、酋長は踊ろうとしたけれどもなぜか踊れない、ということが起こるかもしれません。その場合、たしかに若者たちの勇敢な振る舞いと狩りの後の酋長の踊りとの間には高いプラスの相関関係があり、実際それは因果関係であるかもしれないが、実は、酋長が思っていたように自分の踊りが若者たちの振る舞いの原因なのではなく若者たちの振る舞い次第で酋長が踊るかどうかが決定される、ということになるでしょう。つまり、若者たちが勇敢でなかったことが原因で酋長は踊らなかったという、過去から未来へ向かう通常の因果関係が成立していたと言えるのです。いずれの場合にせよ、今度こそ酋長はもはや反論できないのではないでしょうか。

しかし、ダメットによれば、ことはそう単純ではありません。というのも、上のような要求に応じるという実験を何年も繰り返し実行した上で、酋長には自分の信念を正当化する次のような四つのタイプの反論の選択肢が残されているからです。

A：酋長が踊れた場合

（1）事後の踊りが若者の振る舞いに影響を与えるのは、単なる私の踊りではなく、狩りの結果を知らない状態で実行された私の踊りなのである。だから、このような実験の際の踊りは私の主張の反例にはならない。

（2）たしかに若者たちが臆病だったにもかかわらず自分が踊れてしまうということがときどき起こるが、少なくとも若者たちの勇敢な振る舞いと自分の踊りの間には十分なプラスの相関関係があることは確かである。だから私はためらいなく今後の機会においても狩りの後の二日間の踊りを継続していく。

（3）たしかに見張り人から若者たちが臆病だったという報告を受けた後にも自分は踊れてしまうが、そのような場合、実は見張り人が何らかの理由で嘘を付いていたということが後になって判明することが多かった。だから私はそのような報告を受けても踊りをやめない。

B：酋長が踊れなかった場合

（4）たしかにこのような実験の際には踊ろうとしても踊れないことがあった。しかし、その場合、たいてい私の体調不良とか隣の部族の不意の襲撃など、不測の事態が起きていた。

きっとこれらの不測の事態こそが私が踊れない原因なのであって、決して若者たちの臆病な振る舞いが原因なのではない。

これら四つの選択肢のうち（1）を酋長が採用した場合、実験するまでもなく反論の余地はないとダメットは考えます。しかしその場合、酋長が持っている因果概念は私たちの因果概念とあまりにもかけ離れたものとならざるを得ないという理由により、彼はこの思考実験の視野内から（1）の選択肢を排除します。とはいえ、残りの三つの選択肢があることによって、結局酋長の行動の不合理性を立証するには至らなかったことになります。ただ、では以上のような思考実験がまったく無駄だったかと言うとそうではなく、私たちは次のような知見を得たと彼は主張します。

上のような一連の試行を行う以前に酋長が持っていたのは、普通に考えれば両立不可能だと思われる次の二つの信念でした。

（i）自分の踊りとそれに先行する若者たちの勇敢な振る舞いの間にはプラスの相関関係がある。

（ii）踊りは、実行するか否かを自分で決められるような事柄である。

しかし、上の思考実験によって判明したのは、実際に両者が両立不可能だと言えるためには、酋長が次のような第三の信念を前提としていなければならないということでした。

（iii）何が起きたか（若者たちが勇敢であったか否か）を自分の〔踊るか否かという〕意図とは独立に知ることができる。

ということは、もしも信念（iii）に固執さえしなければ、（i）（ii）の信念を両立させることができ、その結果として、狩りの後の自分の踊りによって若者たちが勇敢に振る舞うという酋長の信念は保持できるということとなります。実際、酋長が上記（3）の選択肢を採用した場合、〈若者たちが臆病だったという報告を受けた後も踊り続けることによって、見張り人たちが嘘を付いていないかどうかを確かめることができるのだ〉という形で、狩りの後の自分の踊りに対する積極性を以前よりもさらに強める、ということさえありうるでしょう。

以上のような思考実験を経てダメットが導いた結論は以下のとおりです。

あるタイプの行動Aとあるタイプのできごとに関して次の三つの信念は両立しない。

（a）〈Aの実行は、それ以前におけるできごとEの生起の確率を高める〉と信ずる経験的根拠がある。

（b）〈Aを実行しようとしてもできないことがある〉ということを示すような経験的根拠はない。

（c）Aを実行するか否かという自分の意図とは独立に、できごとEが起きたか否かを知ることができる。

これらのうち、（c）はすべてのタイプのできごとに関して成立しなければならないという偏見を私たちは持っているので、たいていの正常な人間は（c）を保持して（a）（b）の少なくとも一方を棄却することとなる。しかし、何らかの特殊な場合において誰かが（a）（b）よりも（c）を棄却する用意がある場合、その人を論駁できるような議論は存在しない。そしてそのような人を論駁できない限り、その人は「Eが起きたということをもたらすためにAを実行する」と堂々と主張できる。

さて、以上のようなダメットの議論についてどう考えるべきでしょうか。ダメットは「そもそも過去は変えられないのだから、過去に影響を及ぼそうとすることは根本的に不合理だ」という私たちの常識的見解について再検討するために、「過去は変えられない」ということの意味あるいは少なくともその含意を上記の（c）すなわち「どのタイプのできごとについても、それが起きたかどうかを自分の意図とは独立に知ることが原理的に可能である」という意味として解釈したのだと考えられます。だとすれば、問題は、過去の不変性・確定性という私たちの常識的信念において、このような解釈内容がどれほど中核的位置を占めているのだろうか、ということになるでしょう。ダメットも主張するとおり、たしかに「過去は変えられない」という主張は単なる論理的トートロジーではないでしょう。しかしそれは、そもそも私たちの行為や知識を成立させる上で前提されているような、何らかの存在論的・必然的真理なのではないでしょうか。もしも（c）がそのような真理からの帰結であるとすれば、（c）がすべてのできごとに関して成立しなければならないと考える私たちの常識は、ダメットが言うような「偏見」だとは言えないのではないでしょうか。

【註】

（1）『バック・トゥ・ザ・フューチャー』は、1985年公開のアメリカ映画。監督はロバート・ゼメキス、脚本はゼメキスとボブ・ゲイルが務めた。「デロリアン」と呼ばれるスポーツカー型のタイムマシンに乗ってタイム・スリップする主役をマイケル・J・フォックスが演じ、二作の続編映画が製作された。『ターミネーター』は、1984年公開のアメリカ映画。監督はジェームズ・キャメロン、脚本はキャメロンとゲイル・アン・ハードが務めた。アーノルド・シュワルツェネッガーが、2029年から1984年にタイムスリップして、リンダ・ハミルトン演ずるサラ・コナーを殺すために送り込まれたサイボーグ『ターミネーター』を演じた。その後、1991年に公開された『ターミネーター2』を初めとして、五作の続編映画が製作された。『時をかける少女』は、筒井康隆のジュニア向けSF小説『時をかける少女』の最初の映画化作品として1983年に公開された大林宣彦監督、原田知世初主演の日本映画。原田が演ずる高校一年生芳山和子の同級生である深町一夫が、実は未来の薬学博士であり、緑がほとんど絶滅した西暦2660年の世界で植物の成分が必要になったため過去の世界にラベンダーを求めてやってきたという設定となっている。いずれの作品も、日本で何度かテレビ放映されている。また、改めて言うまでもなく、旧版出版当時にDVDやブルーレイはまだ普及しておらず（主としてVHSの）「ビデオ」が販売・レンタルされていた。

（2）『ターミネーター2』の全体図（195頁）を参照。

（3）ここで、ワインが1994年の世界と2029年の世界を実際に無限回往復していると述べているわけではないことに注意されたい。往復は一回限りなのにもかかわらず、熟成年数を計算しようとすると無限大になってしまう、というのがここでのパラドクスの趣旨である。

（4）Michael Dummett（1925～2011）英国オックスフォード大学の哲学者で、同世代の英語圏の哲学（分析哲学）に大きな影響を与えた。フレーゲ（Gottlob Frege: 1848～1925）の諸著作を解釈して彼を分析哲学の創始者の一人として位置づける哲学史的研究と、種々の哲学分野における〈実在論〉対〈反実在論〉という古来の論争を言語哲学における意味理論に転移させた上で後者を擁護する形而上学的研究によって知られる。

（5）この内容については、エピローグ2を参照されたい。

（6）Richard Taylor（1919～2003）。米国のブラウン大学、コロンビア大学などに在籍した。形而上学の他、行為論、徳倫理学などに関する著作を出版している。ちなみに、世界的に有名な養蜂家でもあり、地元では哲学者としてより養蜂家として知られていたそうだ。

＊（7）ここでテイラーが想定している「できごと」は、記述中立的に指示できる対象的個体としてのいわゆる「ディヴィドソン型」のできごとではなく、あくまでも〈対象、性質（または関係）、時点〉を規定する「太陽が明日も昇る」などの記述によって同定されるような性質（または関係）例化としてのいわゆる「キム型」のできごとである。

＊（8）先の註7で注意喚起したように、ここで語られている「可能的できごと」は、可能的な対象的個体ではなく、未来の時点という可能的時点における（性質または関係の）例化の可能性として想定されている。

＊（9）本書では、リテラルとしての〈過去（および現在）命題と未来命題〉を、〈必ず真理値を持つ命題（「……は必然的である」に相当する真理関数的文演算子をリテラルに冠した命題）と真理値を持たない場合もある命題（そのような演算子を冠しないリテラル）〉という形で、真理値空隙を許す真理関数（部分的真理関数）によって外延的に区別している。これは特に簡潔さという

点において、過去と未来の非対称性を表現するための一つの有効な方法であるが、簡潔さの代償として以上のような問題が発生する。時相（アスペクト）を含めた（現在時制的）原子文と時制演算子・様相演算子を用いる内包的な方法を採用すれば、複雑にはなるが、以上のような問題は解消される。詳細については、拙著『もの：現代的実体主義の存在論』（春秋社、２０１８）を参照されたい。

⑽　１９７５年頃にテレビでよく流されていた「臭い匂いは元から絶たなきゃダメ」というトイレ消臭剤「シャット」（ジョンソン）のＣＭのキャッチコピーである。

⑾　この叙述には、旧版が出版された２００３年頃の（少なくとも我が国での）分析哲学を取り巻く雰囲気が生々しく反映されている。最近は多少なりとも改善されているはず（と思いたい）。

⑿　「全面的に同意します」はちょっと譲歩しすぎであった。実体線が屈折しない限り、図31の一番左の場合のような形で「過去へ行く」ということは原理的に可能であることになるので、完全な論点先取とは言えないだろう。

⒀　旧版が出版された２００３年に『ターミネーター３』が公開され、その中では、再びジョンの暗殺を目的として女性型ターミネーター「Ｔ－Ｘ」が２０３２年の世界から派遣されるという設定になっていた。旧版刊行当時は、映像コンテンツは、ビデオ・レンタル店でレンタルをしてきて鑑賞するのが一般的だった。

『ターミネーター2』の全体図

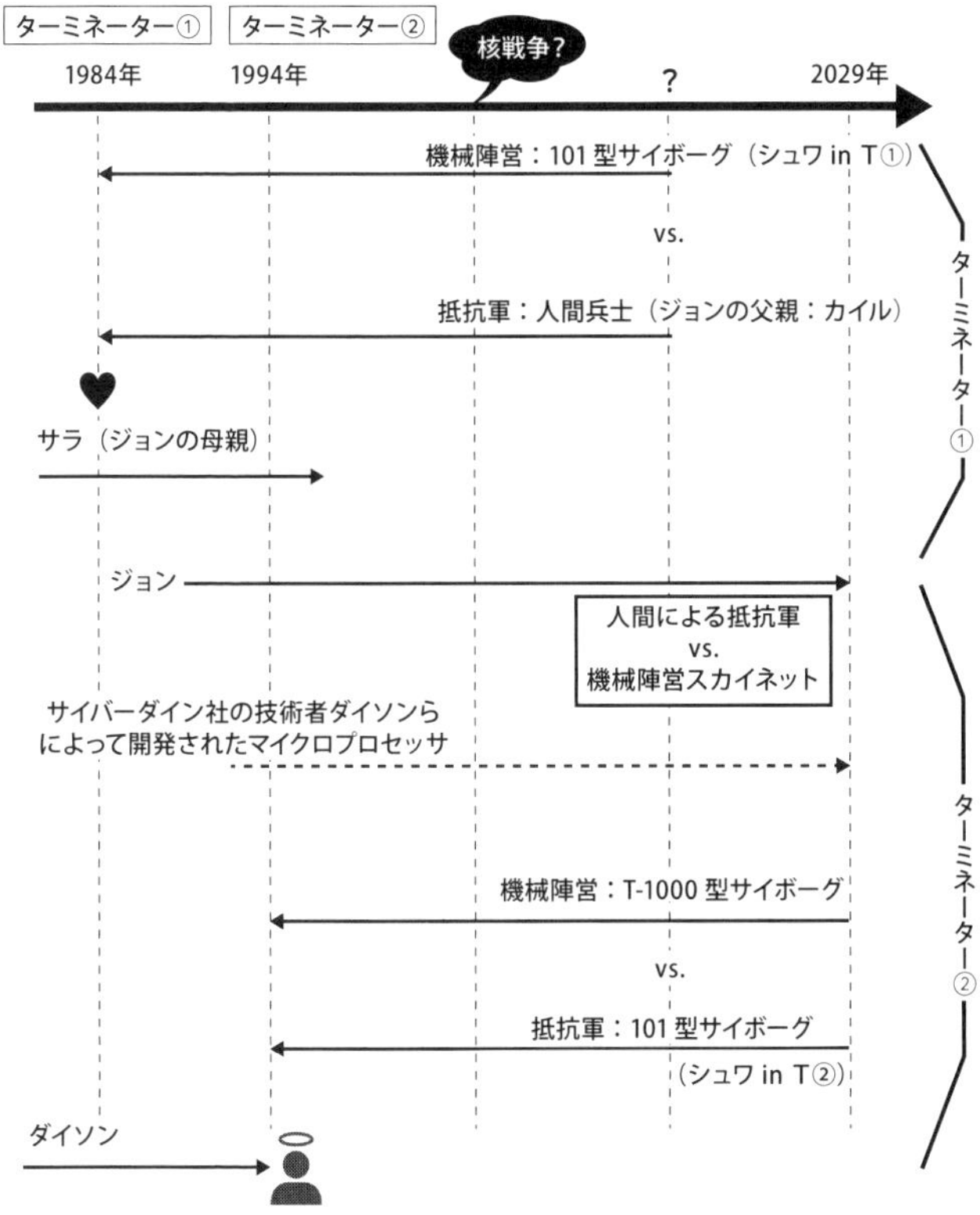

註（2）ちょっと複雑なストーリー

さて、哲学して頭の中がもみほぐされたような気分になりましたでしょうか？　それとも、こんなの哲学？　というお気持ちでしょうか。哲学というのは頭を鍛えることではなくて、どうすれば「よく生き」「よく愛し」「よき行いをなす」ことができるか、などを考えることではないか、という疑問あるいは不満が湧いてきたかもしれません。

哲学の最終的な目的がそのようなことであることは間違いありません。しかし哲学は、それらの問いがとても重要だと思うからこそ、それらに答えを出すことにはとても慎重になります。逆説的ですが、重要な問いだからこそ答えない、というのも哲学の一つの側面なのです。

そして哲学は、これらの問いに答えるために一見それらから離れていく方向にどんどん遡っていきます。そしてついには「なぜ、そもそも何かが存在するのか」という問題にまで到達したりします。このような問いに答える哲学の分野は、形而上学とか存在論と呼ばれます。そのような形而上学というものを眺望できるところまで皆さんをご案内できればいいな、と思って私は本書を書きました。

最後に、なぜこのような本を書くに至ったかを述べることによって、あとがきに代えると同時に、その過程で直接、間接にお世話になった方々に感謝させてください。

この本で採り上げた二つの議論とのかかわりは、ともに1980年前後の私の大学生時代まで遡ります。その頃、培風館から「哲学の世界」という名で全13巻のシリーズが発売されていました。論理学、倫理学、知識論、数学の哲学、科学哲学、宗教哲学、心の哲学など、いずれも〈哲学の各分野の第一人者（クワイン、ヘンペル、チザムなど）によるレベルの高い入門書〉というコンセプトで書かれており、何冊か購入したのですが、その中でも私の琴線に最も触れたのが、吉田夏彦先生の翻訳によるR.テイラーの『哲学入門』でした。今から思うと、その後の私の研究テーマのほとんどは、この本によって決定づけられたような気がします。

この本は、『哲学入門』というにふさわしく、心身問題、時空論、因果論、自由論、神の存在証明など、色々なテーマを含んでいましたが、私にとって最も印象的だったのが、宿命論の議論でした。何に感銘したかというと、テイラーが、自分が宿命論者であると堂々とカミングアウト?し、しかもその証明に成功したと、何の衒いもなく宣言していたことです。たとえば日本の大学の哲学教授がそのようなことを行うなどということは、少なくとも当時の私には想像できませんでした(今でも状況はたいして変わっていないでしょう)。何かアメリカの哲学界の懐の広さ、度量の大きさのようなものを感じたことを鮮明に覚えています。その証明にはどこか納得が行かなかったのですが、かといって、ちゃんと反駁できている自信もない、という状態で心にずっと引っかかっていました。

その本の原題が実は"Metaphysics"つまり『形而上学』という哲学の一つの分野を表すものであったこと、また、彼が第二版で「より強力で簡潔」と自負する宿命論の新たな証明を行ったことを知ったのは、もう少し後になってからです。さっそく第二版を購入し、その新たな証明を読んで、ますますその心の引っかかりは大きくなりました。その証明はたしかに「簡潔」なものでしたが、いかにも証明らしい第一版の証明と違って、何かあまり証明らしくない証明だったからです。つまり、どこが「強力」なのかが今一つわからなかったのです。

かくして、結局私はその問題からずーっと離れられず、今に至っています。当時は、「形而上学」が自分の専門分野です、などとは、口が裂けても言えないような雰囲気がありましたので、いちおう「時間論」という分野が自分の研究テーマであることにしました。とはいえ、最近の日本ではどうもそうでもないようですが、「時間論」というテーマも、私のフィールドである分析哲学と呼ばれるスタイルの中では、日の当たらない裏街道という雰囲気があり、何となく肩身の狭さを感じながら、テイラーが示した「論理的宿命論」に関連する時間論および論理学上のテーマで何本かの論文と一冊の共著を書きました。

そうこうしているうちに、その共著の編者（一ノ瀬正樹さんとの共編）であった河本英夫さんから、今度出版される哲学事典の中に「タイムトラベル」という項目があるので、その解説を書いてくれないか、という依頼を受けました。そんな項目が含まれるということにまず驚きましたが、私のちょっと外れた研究テーマを覚えていてくださっていたのだろうと、大変ありがたく感じ、気を入れて準備に取りかかりました。そして関連文献をいくつか読んでいるうちに、どんどんとのめりこみ、結局、事典解説の他にも「覚え書き」という形でタイムトラベルに関する短い論文を書いてしまいました。そして、いつかはその仕上げに当たるような論文を書きたいなあと心では思いながら、そのきっかけをつかめぬまま、現在に至っていました。

鏡像反転の議論に最初に出会ったのは、やはり大学時代、大森荘蔵先生の授業においてでした。演習授業で接した自由闊達に哲学する先生の姿も、その足元にも及ばないとはいえ、その後の私の研究姿勢に大きく影響していると思います。その演習授業の中で鏡像論が一つのテーマとして採り上げられました。鏡像と世界の関係に関するいくつかのトピックの中で、鏡像反転の問題も採り上げられましたが、他のトピックに比べてこの問題に関する先生の解決方法は、今一つ納得が行かないところがありました。というより、複雑で私の理解力を超えていました。

その後、大学院に進学し、博士課程を終えようとしていた頃、大学院の先輩である鈴木登さんの「鏡の国のアリストテレス」という鏡像反転の問題に関する論文を読みました。このふざけたタイトルに劣らず？　とても面白い内容の論文でしたが、正直言って、鈴木さんの解決法も私の頭にはちょっと複雑で理解しきれないところがありました。またその少し後、同じく大学院の先輩である戸田山和久さんから、『右と左の哲学』という一見物騒なタイトルの論文集があることを教えていただき、カントの空間論の現代的な意義を知りました。

その後、埼玉大学に就職し、最初の哲学の授業で採り上げたのが、鏡像反転の問題でした。哲学への導入としてとても良い題材だと思ったからです。そして授業のために色々準備をしている過程で、これまた問題の面白さにどんどんのめり込んでしまいました。そして、どうも私自身の考えは大森先生とも鈴木さんとも異なるという気がしたので、これも「覚え書き」という形で論文めいたものを書きました。そしていずれはもっとしっかりした論文を書きたいと思いながら、やはり現在に至るまで長く放置してしまいました。何もきっかけがなかったとしたら、どちらもおそらくこのまま終わっていたでしょう。しかし、最近になって、そのきっかけに当たるいくつかのできごとが起こりました。

1996年の夏、ウカシェーヴィチというポーランドの哲学的論理学者の没後40周年を記念する国際学会が、彼が晩年を過ごしたダブリンで開かれました。彼は、宿命論と排中律の関係を理由として、二値原理を否定する論理体系を作った人です。私はそれに関連する発表を行うためにダブリンに行きました。幸運だったのは、その学会と並行して、イギリス最大の哲学関連の定例学会である、アリストテレス協会・マインド連盟の合同学会が開かれたことです。

私は喜んでそちらにも出席しました。そして私にとって最も印象的だったのが、コンファレンス・ディナーの後に行われたセッションでした。それは、まずアメリカの哲学者P．ファン・インヴァーゲンが「なぜ、そもそも何かが存在するのか（Why Is There Anything At All?）」という「ザ・形而上学」ともいうべきテーマで発表を行い、次にそれに対する批判的発表をイギリスのダーラム大学のJ．ロウが行った後で、出席者全員で議論する、という形式で行われました。このファン・インヴァーゲンは、実はテイラーの弟子筋に当たる人で、テイラーに対する献呈論文集の編者にもなっている人です。

そのセッションで私は、時差ぼけのうえにワインによるほろ酔い加減も加わって、襲い来る睡魔と半ば戦っているような状況でしたが、200名以上に及ぶ出席者は皆意気軒昂で、夜の10時頃になるまで、2時間以上にわたる喧々囂々の議論を繰り広げていました（ちなみに当日の学会開始は朝の9時でした）。私は彼らの体力に驚くと同時に、形而上学的思考を育む伝統や土壌のようなものを強く感じました。

そのセッションの内容そのものに関しては、私は批判的発表をしたロウの方に分があるように思いました。またその数年後の別の学会でも、アリストテレス的実在論を擁護する彼の面白い発表に接しました。そこで彼の哲学に興味を持ち、『形而上学の可能性』と題する彼の論文集を読んでみました。その中には時間論をテーマとする論文がいくつかあったのですが、その内容は、私がそれまで読んだ時間論関連の論文や著作の中で最も共鳴を感じられるものでした。

そこで、押しかけ弟子のような形で、彼の元でまず二ヶ月ほど客員研究員として滞在しました。さらに、ダーラムという町がとても美しく、居心地の良い場所だったこともあって、一度ならず二度までも同じように押しかけてしまいました。そして定期的に彼の研究室に赴き、拙い英語による議論をふっかけました。彼は私のスーパーブロークンな英語にもいやな顔一つ見せず忍耐強く応対してくれました。議論の中身はともかく、少なくとも形而上学というテーマへの興味を共有できる相手の出現には喜んでくれていたようです。その議論や彼の他の著作などを通して分かってきたことは（彼の元に行った後でようやく分かるというのも失礼な話ですが）、彼が、カテゴリー論的な存在論体系を中核としたアリストテレス的形而上学の再構築を志向する筋金入りの形而上学者であること、なおかつ、実体主義という、現代では悪しき存在論の代名詞として使われているような存在論的立場の正当性を、大胆にも堂々と主張しているということでした。

彼の実体主義を私自身がどこまで受け入れられるかはまだ検討中ですが、彼の実体主義的な立場が、年来私が時間論という狭い文脈において曖昧な形で主張していた見解を、より包括的・体系的な観点で明確化し、裏付けてくれるような気がしました。また、存在論を中核とした伝統的スタイルによる形而上学研究を何の迷いもなく遂行する彼の姿勢は、形而上学に対して抱き続けていた私自身のためらいを振り払ってくれました。私の頭に強く残っている次のような彼の言葉があります：「哲学が存在そのものについて直接語れないなどという馬鹿なことがあるはずはない。哲学は、ヒュームの懐疑論の衝撃があまりに大きかったので、たまたまここ200年ばかりちょっとおかしくなっているだけだ」。その歴史認識の妥当性はともかく、「たかが200年」という発想に、またしても伝統の重みを感じてしまいました。

そして帰国後、特にタイムトラベル論に関して、以前書いた覚え書きの内容をより実体主義的に修正した方が良いように思われてきました。また、私は何年かぶりに哲学の授業で時空論を採り上げました。哲学書房の中野さんから突然電話がかかってきたのはそんな時でした。

哲学書房では、15年ほど前に、山内志朗さんの紹介によりV.ブライテンベルクの『模型は心を持ちうるか——人工知能・認知科学・脳生理学の焦点』を翻訳させてもらったり、また戸田山さん、岡本賢吾さんとの共訳によるラッセルとホワイトヘッドの『プリンキピア・マテマティカ序論』を出版していただいたりしたことがあったのですが、それ以来すっかりご無沙汰してしまっていました。しかし中野さんは、そろそろ著書の構想などはないですか、と尋ねてくださいました。そこで、ちょうど授業で取り上げていたこともあり、覚え書きのままとどまっている鏡像論やタイムトラベル論のことを話しました。すると興味を示してくださり、いくつかの論文を送った後に一度お会いすることになりました。

そしてお会いしたとき中野さんが開口一番おっしゃったのは、「〈本当に中学生にも分かるような本当の哲学書〉を書いてください」ということでした。私は多少面食らいながらも、その趣旨には賛同し、そうすべく試みると回答しました。

しかし書き始めて一週間もしないうちに、それが私にはほとんど実現不可能な困難な課題だということをいやというほど痛感させられました。ただ、その課題の達成は半ばあきらめながらも、とにかく書き進めるだけは書き進めました。実際に出版されるかどうかはともかく、長年放置していた研究テーマに対してこの機会を逃したら、もう一生そのままだろうと思ったからです。その結果できたのが、この本です。

今となっては、中野さんがどれほど本気であの言葉を発せられたのかはわかりません。しかし少なくとも私の頭の中では、それが一種の呪文のように作用しました。あの言葉がなかったなら、このような体裁の本を書くことは決してなかったでしょう……。

もといっ。つまり、こういうわけだったのです。難しかったですか？　まあでも気にしないでください。この本を読んで哲学に興味を持ってくださったならば、まずは他の哲学書もひもといてみてください。そしてしばらくした後にまだこのあとがきのことを覚えていたら、もう一度読んでみてください。きっと何を言っていたのかおわかりになるでしょう（何だ、たいしたこと書いてなかったじゃないかって思われそうなのがちょっと不安ですが）。

長々とつまらない個人的経緯を書いてしまいましたが、その中でお名前を挙げた方々に感謝いたします。また、埼玉大学教養学部での私の授業に出てくれた学生たち、とりわけ哲学・思想コースの学生たちにも感謝しなければなりません。本文中で紹介したとおり、彼らの発言が本書のみならず私自身の思考に少なからず貢献しています。さらに、本書を書くに至る過程での研究・教育上の私のわがままを許してくれた学部の同僚たちにも感謝します。

２００３年10月

加地　大介

追記：旧版からの20年を振り返る

本書の元となった『なぜ私たちは過去へ行けないのか——ほんとうの哲学入門』（哲学書房）は、私の最初の単著であり、これがきっかけとなってその後の何冊かの拙著をも導いてくれた、私にとってはとても思い出深い大切な書である。その出版年が２００３年であったということに思いを馳せると、改めて感慨を新たにする。というのも、それは、２００４年7月に発行された青土社刊『現代思想』（32—8）の「分析哲学特集」の中に掲載された拙論「分析哲学における伝統的形而上学の復興」よりも前の出版だということを再確認させられるからである。

この論文の内容は、分析哲学と形而上学が水と油の関係のように捉えられがちであった当時の我が国の風潮を意識しつつ、実は一時期の例外的な期間を除けば形而上学は分析哲学の中枢を占め続けていたこと、そして実際、１９９０年代頃から「新アリストテレス主義的形而上学」とも言うべき、より伝統的なタイプに近い形而上学が復興しつつあることなどを伝えるものであった。しかしその背後では、どちらかと言えば哲学研究者を念頭において、「分析哲学の中で堂々と形而上学して良いのだ」ということを訴えるいわばプロパガンダ的な意図が込められてもいた。

私の記憶が正しければ、当時我が国では分析哲学そのものがまだまだ多かれ少なかれ異端視されていた（ひょっとすると今でもそうかもしれないが）。『現代思想』の通常号の中の「特集」という形で分析哲学が採り上げられたということも、ようやく分析哲学がその頃になってそれなりに市民権を得てきたという背景を示唆しているように思われる。ちなみに、その13年後の２０１７年12月には、特別号として「総特集 分析哲学」と題する『現代思想』臨時増刊号が発行され、その広告文の中に「今やグローバルスタンダードとなった分析哲学」というキャッチコピーがあった。裏を返せば、少なくともその13年前の我が国では、まったくスタンダードではなかったということである。

研究レベルあるいは出版レベルにおいてさえ、分析哲学およびその中での形而上学（今では「分析形而上学」という確固たる分野として認知されている）を取り巻く状況が上記のようなものであったことを踏まえれば、いわんや教育レベルにおいてをや……ということになる。大学における哲学の入門的授業のテーマとして分析哲学、とりわけ分析形而上学を選択するということには、大きなリスクが伴っていた（この点については、今でもたいして変わらないかもしれないが）。どのようなリスクかと言えば、特に哲学の授業を行ったことのある教員には想像しやすいと思われるが、受講生の興味を喚起した上で最後までそれを維持するということに関してほぼ確実に失敗するということである。まず、第一に、分析哲学という哲学のスタイルが、受講生の多くが予想し期待している形と大きくかけ離れている。それに加えて、哲学の中でも特に抽象度が高いという形而上学の特性のゆえに、種々の形而上学的問題について考察する意義とそれらに対して自ら回答するという見込みを多少なりとも受講生に実感させることがきわめて難しい。教科書についても、日本語で読める分析形而上学の標準的入門書としては、わずかにR.テイラーの『形而上学』の訳書（培風館から『哲学入門』というタイトルで出版されていた）があるのみで、それもとうの昔に絶版となっていた。

２００３年という年は、私が埼玉大学に常勤として着任してからちょうど10年後でもあり、その10年間は、今述べたような苦境の中でもがき続けていた10年間であったと言える。『なぜ私たちは過去へ行けないのか――ほんとうの哲学入門』は、そのような状況の所産でもあったのである。その出版に至るまでの経緯はある程度「旧版のあとがき」に書いたが、ここではその際のちょっとした裏話と出版直後の状況について少し書き留めておきたい。

同書には「ほんとうの哲学入門」という副題が付けられているが、「ほんとうの哲学」への入門という意味なのか、哲学への「ほんとうの」入門という意味なのか、必ずしも明確ではない。いずれにせよ、控えめに言っても「とても強気な」、悪く言えば「とても傲慢な」副題であることは否めない。この副題は哲学書房の中野さんの考案によるものであるが、中野さんはどちらかと言えば「ほんとうの入門」を想定していたのではないかと思われる。私自身はと言えば、特にタイムトラベル論に関して入門書にしては少し専門的にすぎる議論をせざるをえなかったので、消去法によってどちらかと言えば「ほんとうの哲学」ということになってしまうが、それではますます不遜である。ただ、哲学について何かを「説く」のではなく、身近な題材に関して哲学する形を「示す」ことによって「哲学する」というリアルな形を伝えたいという思いはあった。

ちなみに、哲学書房は実質的に中野さんがお一人ですべてを切り盛りされており、レンブラントの絵画「画家の息子：机の前のティトス」（1655）を用いた表紙の装丁も中野さんに手によるものである。ただ、中野さんは、販促効果を考慮して、できれば『ターミネーター2』がらみの写真を用いたかったようなのだが、「著作権の関係で断念した」とおっしゃっていた（シュワちゃんの大きな顔が哲学書の表紙を占拠するというあまり嬉しくない事態を回避できたという点では、著者としてはむしろ望ましい結果ではあったが）。いずれにせよ、私にとって自著出版は初の経験であり、すべてにおいて中野さんに任せきっていた。今となっては我ながらあきれるまでの初々しさなのだが、「出版社としての観点から私の原稿を自由に改変してくださって結構です」とまで中野さんには伝えていた。結果として改変されたのは旧版の「まえがき」「あとがき」の一部だけだったのだが、今回の新版では、これを機に私の草稿段階でのオリジナル・バージョンに書き戻してあるので、興味のある方は旧版と比較していただきたい。

売れ行きはというと、「そこそこ」という程度だったのではないかと推測する。中野さんは同書にかなりの期待をかけてくださっており、私のような無名の研究者による初めての単著にしては、類書の中ではかなり強気の初版部数だったのだが、「（某大規模書店での）山積みの減り方が期待したほどではない」と中野さんがちょっと残念そうに話してくださったことを覚えている。ちなみに同書に対する印税は受け取っていないのだが、中野さんは常々「ウチは印税なき出版社です」と公言しておられたということを後になって知った。出版してもらえただけでもありがたかったので、こちらから印税を請求することもなかったのだが、初出版の嬉しさと私の非常識のゆえに、親兄弟はもちろん親戚・友人一同にまで「献本」をしまくった（きっと中野さんは苦笑いしていたことだろう）ので、現物支給という形での報酬は受け取ったと言えるかもしれない。

しばらく後になって「献本」とは基本的に同業の研究者や大学教員に対して行うものだと知り、顔を赤らめたのであったが、もちろん多少なりともご縁のあった多くの研究者の皆さんにも献本した。ただ、小心者ゆえ、物語仕立てで形而上学を論ずるこのようなふざけた異様な内容の著作がいよいよあちこちに投下されるというイメージが自然に湧き上がり、その結果として皆から白い目で見られるのではないか、という漠然とした恐怖も覚えたのであった。もちろんそれは自意識過剰による杞憂でしかなかった。同書出版の直後には名古屋近辺の哲学研究者の皆さん（愛知県は私の出身地であり、かつて名古屋大学に「内地留学」を行ったというご縁もあった）が南山大学で同書の合評会を開催してくださった。ちなみに同書に登場するR．テイラーがその直前に亡くなっており、

「この本がテイラーに対するオマージュとなった」というような発言をしたことを記憶している。

また、三浦俊彦氏が、読売新聞の書評欄で次のように同書を紹介してくださった。

『読売新聞』二〇〇四年一月十一日掲載

タイムマシンで旅して過去を変える。それは矛盾かどうか探るのが前半。なぜ鏡は左右だけ反転させるのか。この古典的な問いが後半。

ふたつとも誰もが一度は考える問題だが、性格はかなり違う。時間旅行の方は、自然法則や宿命論など、壮大な科学や宗教の難問と絡んでいる。鏡の方は、左右じゃなくて前後が反転してるんだろうとか、人間の身体が左右対称だから見方が定まってるだけじゃないかとか、身近な錯覚や習慣の問い直しが比重を占める。

この正反対とも言える時間と空間のパズルが、著者の思考現場から実況中継されてくる。いったんは納得したものの一晩寝て起きたらまたわからなくなった、という繰り返しが、哲学徒の実態をレポートしていて微笑ましい。

後半は、回転座標をイメージする読者の能力が試されたりして粘着度が増すが、前半の軽やかな『ターミネーター2』談義に乗れれば最後まで漂うことができる。副題どおり「ほんとうの哲学入門」だ。

（三浦氏のホームページ「三浦俊彦の時空間」から許可を得て転載）

三浦氏に対しては、旧版の出版バージョンの「まえがき」では書かれていない「著者の思考現場から実況中継」「哲学徒の実態をレポート」という同書の核心や「回転座標をイメージする読者の能力が試されたりして粘着度が増す」という旧版第二章の難所を的確に捉えてくださっている点に感心するとともに感謝の念を覚えたのであった。

一方、教育面では、新版の「まえがき」にも書いたとおり、今に至るまで20年間にわたって私は本書を「哲学研究法D」という入門的授業（半期授業）のテキストとして隔年ごとに使い続けてきた（ちなみに、それ以外の隔年度にも「哲学研究法C」を開講しており、その授業で用いるテキストについては試行錯誤を続けたのだが、5年ほど前になってようやく『哲学がわかる形而上学』（S．マンフォード、岩波書店、2017）に落ち着いた）。これは単なる私の怠慢の結果でしかないのかもしれないが、基本的には、テキストとして少なくとも私にとっては使いやすかったというのがその主たる理由である。

まず何よりも、自著であるがゆえに、テキストの著者が言わんとしていることがほぼ100パーセント理解できるということが最大の利点である。また、ガードナーからの受け売りで「CHOICE」のプラカードを用いたインチキ手品や二重メビウスの輪の実演を行ったり、授業の節目で鏡像反転や過去と未来の非対称性にかかわるいくつかの問いから成るアンケートを行って回答を紹介したりするなど、結果的に今で言うところの「インタラクティブな」授業を20年前から実施することができた。学生たちの反応も、少なくとも私の主観的実感としては悪くなかった。時折、その一部を高校の出張講義で行うこともあったのだが、やはり同様の手応えを得た。また、私自身も、学生たちによるアンケートへの回答や授業中の発言などから色々と教えられることも多かった。

　ただ、一つ強調しておきたい点は、その中で展開されている議論に関して、旧版の出版から20年を経た現時点においても、（補註で記したような若干の問題点を別にすれば）基本的に間違っておらず、また、いまだに色褪せてはいない（これは、哲学という悠長なジャンルの入門書であることの結果でしかないかもしれないが）、という矜持を些少ながらも保持できているということである。そうでなければ、あえてテキストとして使い続けることはなかっただろうし、今回のような新版を出版する気にもならなかっただろう。個人的には、鏡像反転論・タイムトラベル論のいずれにおいても、若き日から旧版出版に至る時期の私のささやかなオリジナリティを凝集して記録してくれているのが本書だと自負している。鏡像反転論やタイムトラベル論は、それぞれ私が埼玉大学に着任した頃の紀要論文「鏡が教えてくれること――鏡像論覚書（1）」（1993）、「過去へはなぜ行けないか――タイムトラベル論覚書（1）」（1998）を元にしており、ダメットの逆向き因果論とテイラーの宿命論を対比させつつ過去と未来の非対称性について論ずるアイデアに至っては、私が大学院生だった時の論文「逆向き因果と宿命論――ダメットへの一批判（Ⅱ）」（１９８８）にまで遡ることができる。

今回の新版出版のきっかけとなったのは、２０２０年に教育評論社から出版していただいた拙著『論理学の驚き――哲学的論理学入門』を今回と同様担当してくださった瀬尾博之さんが、最終稿手渡しのために最後にお会いした際に、次は『なぜ私たちは過去へ行けないのか』の新版を出してください、というような事をボソッと呟かれたことである。そのときには、ありがたい社交辞令だなあ、という程度にしか受け止めなかったのだが、たまたま昨年、２００８年の拙著『穴と境界：存在論的探究』（春秋社）が復刊されることとなり、それを増補版とするために「追記」を書くという作業を行った。そしてこれがとても楽しかったのである。一週間たっても1頁も進まないということが稀ではない論文作成と異なり、筆がすいすい進んであっという間に書き終わってしまった。そしてこの経験によっていわば「復刊魂」に火が付き、改めて瀬尾さんに連絡してみたところ、今回のような出版を快諾してくださったという次第である。結果的に、カント生誕３００年という記念すべき年に、カントの空間論についての増補を含む本書が刊行される運びとなった。

前著に引き続き、我がままな著者に寛容にご対応くださった瀬尾さんを始めとする教育評論社の皆さん、および、私の我がままな授業に付き合ってくれた埼玉大学の学生の皆さんに改めて感謝申し上げる。また、本書を中野さんに捧げたい。中野さんには、天国から「やっぱり私のバージョンの方が良かったでしょ」と言われそうな気がするのではあるが……。

２０２４年４月　吉日

加地　大介

参考文献

［1］Block, Ned, 'Why Do Mirrors Reverse Right/Left but Not Up/Down?', *The Journal of Philosophy 71*, pp.259-257, 1974.

［2］Dummet, Michael, 'Bringing about the Past', 1964 in *Truth and other Enigmas*, pp.333-350, 1978.（藤田晋吾訳『真理という謎』勁草書房、１９８６年所収）

［3］Frederick, Robert E., 'Introduction to the Argument of 1768', in *The Philosophy of Right and Left: Incongruent Counterparts and the Nature of Space*, pp. 1-14, Van Cleve, James and Frederick, Robert E.,(eds.), Kluwer, 1991.

［4］Gardner, Martin *The New Ambidextrous Universe*, W. H. Freeman, 1960.（3rd ed. 1989）（坪井忠二、藤井昭彦、小島弘訳『新版　自然界における左と右（上・下）』ちくま学芸文庫、２０２１年）

［5］加地大介『もの：現代的実体主義の存在論』春秋社、２０１８年。

［6］加地大介『論理学の驚き：哲学的論理学入門』教育評論社、２０２０年。

［7］加地大介『穴と境界：存在論的探求［増補版］』春秋社、２０２３年。

［8］Lowe, E. Jonathan, *The Possibility of Metaphysics: Substance, Identity and Time*, Oxford, 1998.

［9］Mumford, Stephen, *Metaphysics: A Very Short Introduction*, Oxford University Press, 2012.（秋葉剛史・北村直彰訳『哲学がわかる形而上学』岩波書店、２０１７年）

［10］大森荘蔵『言語・知覚・世界』岩波書店、１９７１年。

［11］大森荘蔵『新視覚新論』東京大学出版会、１９８２年。

［12］鈴木登「鏡の国のアリストテレス――左右逆転の謎に挑む」、『哲学雑誌』第１０３巻７７５号、１６３～１８４頁、哲学会、１９８８年。

［13］Taylor, Richard, *Metaphysics*, Prentice Hall, 1963(1st ed.), 1974. (2nd ed.)（吉田夏彦訳『哲学入門（第一版の邦訳）』培風館、１９６８年）

［14］Van Cleve, James, `Introduction to the Argument of 1770 and 1783', in *The Philosophy of Right and Left: Incongruent Counterparts and the Nature of Space*, pp. 15-26, Van Cleve, James and Frederick, Robert E.,(eds.), Kluwer, 1991.

索　引

・以下は本書に登場する人名・項目の索引である。
・頁によって表記が異なる場合でも一項目にまとめている。
・参考文献一覧、単語の一部としての登場の場合は除外した。

や行

ら行

〈著者略歴〉

加地 大介（かち・だいすけ）

1960年、愛知県に生まれる。1983年、東京大学教養学部（科学史科学哲学分科）卒業。

1989年、東京大学大学院人文科学研究科博士課程（哲学専攻）単位取得退学。博士（文学）。

2007－8年、ニューヨーク大学・ダラム大学（いずれも哲学科）客員研究員。

現在、埼玉大学学術院（大学院人文社会科学研究科・教養学部担当）教授。専門は形而上学および論理哲学。

主な著書に、『もの：現代的実体主義の存在論』（春秋社、2018年）、『論理学の驚き：哲学的論理学入門』（教育評論社、2020年）、『穴と境界：存在論的探究［増補版］』（春秋社、2023年）など。

なぜ鏡は左右だけ反転させるのか

空間と時間から考える哲学

二〇二四年五月二十一日　初版第一刷発行
二〇二四年九月三十日　初版第三刷発行

著　者　加地大介
発行者　阿部黄瀬
発行所　株式会社　教育評論社
〒一〇三－〇〇二七
東京都中央区日本橋三－九－一
日本橋三丁目スクエア
TEL〇三－三二四一－三四八五
FAX〇三－三二四一－三四八六
https://www.kyohyo.co.jp

印刷製本　萩原印刷株式会社

定価はカバーに表示してあります。
落丁本・乱丁本はお取り替え致します。

ISBN 978-4-86624-100-5